UM GUIA COMPLETO PARA APRENDER A GUITARRA DO BLUES

JOHN GANAPES

Nº Cat.: 423-M

Agradeço a minha esposa, Kathleen Kortz, por toda a sua ajuda e apoio. Sem ela, a publicação deste livro não teria sido possível. Agradeço também a todos os músicos com os quais toquei. Cada um de vocês me ensinou algo. Finalmente, agradeço a equipe da Hal Leonard pela ajuda.

Copyright © 1995 by HAL LEONARD CORPORATION
Copyright Internacional Segurado   *All rights reserved*

7777 W. BLUEMOUND RD. P.O. BOX 13819 MILWAUKEE, WI 53213

A guitarra na capa foi cortesia da Cascio Music.
Todos os direitos reservados,
para língua portuguesa no Brasil, a

Irmãos Vitale Editores Ltda.
vitale.com.br
Rua Raposo Tavares, 85 São Paulo SP
CEP: 04704-110 editora@vitale.com.br Tel.: 11 5081-9499

Créditos

Tradução
Denis Koishi

Diagramação
Luiz Guilherme Araujo / Eduardo Wahrhaftig

Coordenação editorial
Roberto Votta

Produção executiva
Fernando Vitale

CIP-BRASIL. CATALOGAÇÃO NA FONTE
SINDICATO NACIONAL DOS EDITORES DE LIVROS - RJ.

G185b

Ganapes, John, 1960-
    Blues ao seu alcance / John Ganapes ; tradução Denis Koishi. - 1. ed. - São Paulo : Irmãos Vitale, 2013.
100 p. ; 31 cm

    Tradução de: Blues you can use
    ISBN 978-85-7407-410-8

1. Blues (Música). I. Título.

13-01462

CDD: 788.49
CDU: 780.643

27/05/2013   28/05/2013

Arquivos de áudio *play-a-long* em MP3 estão disponíveis para *download* gratuito em:

vitale.com.br/downloads/audios/423-M.zip

ou através do escaneamento do código abaixo:

Obs.: Caso necessário, instale um software de descompactação de arquivos.

ÍNDICE

	Página	Faixa de áudio
Como usar este livro..6		
Notas de afinação		1

Lição 1 *Introdução às escalas pentatônicas menores; a progressão básica de blues; estilo básico de blues/rock*..8
"TexasRock"..11 2

Lição 2 *Escalas móveis; acordes móveis; mais estilo blues/rock*...........................12
"Blues Rock Tune"..15 3

Lição 3 *O 2º padrão de pentatônica; a progressão de "mudança rápida"; as blue notes*....16
"True Blue"...18 4

Lição 4 *Como conectar os padrões de escala 1 e 2; movimentos de fundamental e mais acordes móveis; o "balanço" básico do shuffle*......................................19
"Swinging the Blues"..22 5, 6

Lição 5 *Padrão 3 de pentatônica; o ritmo "espalhado"; "double stops"*...................23
"Double Stop Stomp"..27 7, 8

Lição 6 *Como conectar os três primeiros padrões; apresentação do 4º; o círculo das quintas; estilo básico do delta*...28
"Delta Mood"..31 9

Lição 7 *O último padrão de escala (5º); apresentação dos acordes com 9ª; bends*....32
"Bending the Blues"..35 10

Lição 8 *Como conectar todos os padrões; acordes com ♯9; mudanças de posição*.....36
"Bend, Slides and Shifts"..38 11

Lição 9 *Como tocar escalas por todo o braço; mais acordes de 9ª; semicolcheias "funkeadas"*...39
"Getting Funky"...42 12, 13

Lição 10 *Mais escalas por todo o braço e palhetadas alternadas; revisão dos acordes com 7^a e 9^a; como usar o padrão 4 em um solo*...43
"Lazy Day Blues"...47 14

Lição 11 *Teoria de escalas; acréscimo da nota ♯4/♭5; turnaround; estilo de melodia de acordes*...48
"Ninth Chord Blues"..51 15

Lição 12 *Mais teoria de escalas; apresentando a escala pentatônica maior; progressões de blues em tonalidade menor; sonoridade menor em um solo*...........................52
"Minor Blues"..56 16

Lição 13 Combinações de pentatônicas maior e menor; mais progressões de blues em tonalidade menor; mais melodias de acorde..................57
"More Minor Blues"..................59   17

Lição 14 Mais escalas maiores e menores juntas; como usar acordes de passagem mais acordes com 13ª; blues em tonalidade maior..................60
"Major Blues"..................63   18

Lição 15 Escalas em pares de cordas; mais acordes de passagem e com 13ª; misturando escalas maiores e menores..................64
"Hard Edge Blues"..................67   19, 20

Lição 16 Como mover entre padrões de escala adjacentes; como usar 6as para fazer acordes parciais; estilo R&B gospel básico..................68
"Preaching Gospel Blues"..................71   21

Lição 17 Como pular cordas ao tocar escalas; como usar 3as; como usar 6as em um solo..72
"Blue Sixths"..................75   22

Lição 18 Como combinar formas menores de escala e acordes; apresentação dos acordes secundários nas progressões de alternativas blues; hard rock baseado em blues...76
"Hard Rocker"..................80   23, 24

Lição 19 Como combinar formas maiores de escala e acordes; mais progressões alternativas; sons do início do rock..................82
"Rockin' and Rollin'"..................84   25, 26

Lição 20 Como aumentar a velocidade; revisão completa de acordes e como e quando usá-los; trills e figuras repetidas no estilo do delta..................86
"Delta Child"..................89   27

Lição 21 Como usar padrões de escala; mais progressões alternativas; como tocar usando todo o braço do instrumento..................91
"All Forms Blues"..................96   28

Legenda da notação..................98

Todas as músicas são composições de John Ganapes.

Músicos:

Jim Weber e David Hussman: Guitarra
Joel Sayles: Baixo
Dave Russ: Bateria
Rob Steinberg: Piano e órgão

COMO USAR ESTE LIVRO

Quem pode usar este livro

Essas lições serão muito úteis se:

- Você já tem alguma experiência na guitarra e sabe alguns acordes e músicas.
- Você toca há algum tempo, mas se sente preso à rotina de tocar sempre o mesmo, repetidamente.
- Você quer organizar o que aprendeu ao longo dos anos e preencher as lacunas.
- Você gosta de blues e quer expandir seu repertório de blues.
- Você é professor de guitarra e quer oferecer a seus alunos uma série organizada de lições progressivas

Nível de estudo

A lição 1 começa em um nível muito básico. Cada lição seguinte se baseia na anterior, progressivamente, até a lição 21. Ao concluir o livro, você estará pronto a tocar a guitarra do blues em um nível mais avançado.

Se achar que as primeiras lições são muito fáceis para você, apenas leia cada lição até encontrar algum material que seja desconhecido ou algo que você ache que deve praticar. Comece a trabalhar a partir desse ponto.

Mesmo se estiver um pouco familiarizado com as primeiras lições, pode ser útil passar ordenadamente por todas elas, para refrescar seu conhecimento e se sentir confiante sobre o que você sabe.

Quanto tempo investir

Não tenha pressa com as lições. Meus alunos passam uma semana inteira em cada uma delas e, frequentemente, alunos ainda ficam duas ou três semanas, em uma lição que achem que seja especialmente difícil. Fique em uma lição até se sentir à vontade com todo o material nela contido. Essas lições são desenvolvidas a partir da anterior, por isso é importante dominar as habilidades e informações em uma lição antes de prosseguir para a seguinte.

Formato do livro

Cada lição está dividida em três partes: escalas, acordes e progressões, e um estudo. As lições foram desenvolvidas de modo a permitir ao músico tocar em todo o braço do instrumento e em qualquer tonalidade. Os estudos (solos de guitarra) são apresentados em tablatura e em partitura. Como as lições são desenvolvidas a partir da anterior, siga o livro na ordem dada e aproveite o máximo.

Suplemento de áudio

Os áudios contém todos os estudos (solos de guitarra) deste livro. Alguns estudos são tocados também em forma mais lenta do que a normal. Na versão lenta, você pode ouvir mais claramente cada nota. A versão em andamento normal permite que você ouça como a música deveria soar quando tocada normalmente.

O áudio foi gravado com uma banda completa de apoio. A parte principal (a que você aprende) está posicionada como a parte predominante no centro da mixagem.

Cada peça se inicia com uma contagem para que você possa começar a tocar no tempo exato da gravação.

Antes de começar, certifique-se de ouvir a primeira faixa do áudio para ajudar na afinação da guitarra.

Diagramas

Os diagramas de escalas e acordes são dispostos de maneira diferente neste livro. Eles são mostrados, ao longo das páginas, com as cordas no sentido horizontal. Os trastes são indicados por linhas verticais cruzando as cordas.

As digitações dos padrões de escalas são indicadas pelos números dentro dos círculos nas cordas. As fundamentais das escalas são representadas através da inversão do número branco no círculo preto.

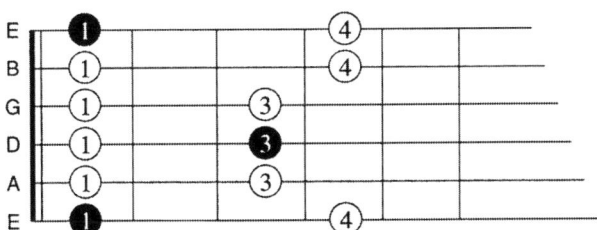

Os diagramas de acordes (quadros) seguem o formato padrão. As cordas, ao longo das páginas, estão no sentido vertical e os trastes no sentido horizontal. Os dedilhados são apresentados abaixo do quadro, enquanto o "x" e o "o" mostrados acima indicam quais cordas (não pressionadas) devem ser tocadas.[1]

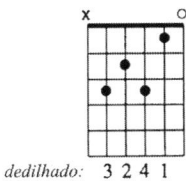

Prática

Há uma regra geral ao estudar música: quanto mais tempo praticar, mais rápido você aprenderá. Saiba, no entanto, que a prática diária é bem mais benéfica do que uma "maratona" uma vez por semana. Tenha como objetivo praticar de quatro a cinco dias por semana, todas as semanas.

O tempo que você dedica à guitarra depende de seus objetivos musicais. Se você planeja se tornar um músico profissional, será necessário praticar pelo menos três horas por dia. Se você toca apenas para se divertir, pratique enquanto tiver energia e não se sinta culpado de não praticar mais.

A forma como você pratica também é muito importante. Ao praticar, você deve se concentrar completamente. Não estude, por exemplo, com a televisão ligada. Se algo estiver tirando sua atenção, faça uma pausa e recomece algum tempo depois.

Concentre-se na parte mais difícil do estudo. Toque o que você sabe, mas gaste pouco tempo nisso. Isso serve para as partes das músicas: mire nas seções que achar difíceis e dê uma passada rápida naquelas que você já estiver tocando bem.

Lembre-se de que a finalidade de praticar é estar apto a tocar a guitarra. Sempre deixe algum tempo para tocar por diversão, sem a pressão ou disciplina da prática.

---

1. O "x" indica a corda que não deve ser tocada no acorde e o "o" indica a corda que deve ser tocada. (N.E.)

LIÇÃO 1

ESCALAS

Introdução às escalas pentatônicas menores

Escalas são os componentes básicos da música. As tonalidades são definidas, em várias escalas, pelas notas. Os acordes são construídos a partir das notas das escalas. Como em quase todos os tipos de música, as melodias e os riffs da guitarra principal no blues são baseados em escalas.

Além disso, a maior parte da técnica vem da prática diária de escalas. O conhecimento completo do braço do instrumento é baseado no conhecimento de escalas. Claramente, o estudo das escalas é de extrema importância para todos os músicos.

No blues estamos preocupados principalmente com a escala pentatônica (cinco notas). Há dois tipos básicos de escalas pentatônicas: maior e menor. Vamos começar com a escala pentatônica menor.

A escala pentatônica menor é a base de quase todos os riffs de blues e blues-rock, e do "som blues". Há cinco padrões básicos ou formas da escala na guitarra. Neste livro, eles são chamados de Padrão 1, Padrão 2, Padrão 3, Padrão 4 e Padrão 5.

Ao aprender os cinco padrões, você poderá tocar, em qualquer tonalidade, ao longo de toda a extensão do braço do instrumento. Isso permitirá a expansão de seu "vocabulário" de riffs e melodias.

Aprender e praticar escalas também pode ajudá-lo a quebrar a rotina de tocar os mesmos riffs repetidamente. Se você já viu guitarristas tocando por todo o braço do instrumento, é porque eles conhecem bem os cinco padrões.

A melhor maneira de aprender a tocar os cinco padrões é pegar uma forma por vez, observando como eles se encaixam. Vejamos o Padrão 1.

O Padrão 1 começa na fundamental da escala.

> A fundamental é a nota com o mesmo nome da tonalidade. Por exemplo: na tonalidade de Lá, a fundamental é a nota Lá. Na tonalidade de Si bemol, a fundamental é a nota Si bemol, e assim por diante.

Importante saber quais fundamentais estão nos padrões de escala. Por isso elas serão marcadas nos diagramas adiante. O diagrama a seguir é o Padrão 1 da escala pentatônica menor na tonalidade de Mi, com todas as cordas soltas:

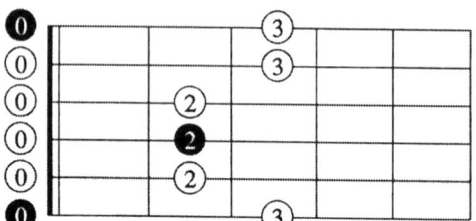

Escala pentatônica menor de Mi – Padrão 1

- Pratique essa escala de 5 a 10 minutos todos os dias.
- Use a digitação fornecida no diagrama.
- À medida que praticar, certifique-se de tocar lentamente com um andamento (velocidade) bem uniforme. Certifique-se de tocar claramente as notas e deixar cada uma soar antes de iniciar a próxima nota da escala.
- Inicie na nota mais grave (sexta corda).
- Toque até a nota mais aguda do padrão e depois, sem parar nela, desça a escala até chegar à nota mais grave.

Concentre-se em obter um som bastante uniforme e limpo. A velocidade não é importante nesse momento. Lembre-se: só é possível tocar claro o bastante se você praticar: se você tocar rápido, mas de forma desleixada, ao final, você só vai ter conseguido tocar desleixadamente.

ACORDES E PROGRESSÕES

A progressão básica do blues

As progressões do blues, com apenas três acordes, são muito simples. Elas são chamadas, eventualmente, de "progressões de três acordes".

Uma progressão de acordes é simplesmente a sucessão de mudanças de acordes em uma música.

Os três acordes usados são chamados de acordes I, IV e V. Um nome mais comum e descritivo para essa progressão de acorde é "progressão I, IV, V". Essa é a progressão mais básica em música, desde música erudita e jazz até blues e rock.

O I é o acorde de mesmo nome da tonalidade tocada. Na tonalidade de Sol, o I é o acorde de Sol. Na tonalidade de Mi, o I é o acorde de Mi, e assim por diante.

Assim como as escalas, cada acorde tem uma fundamental. Essa fundamental é a nota do acorde com o mesmo nome. Por exemplo: qualquer tipo de acorde de Sol (G^7, Gm, G^9 etc.) tem uma nota Sol como fundamental.

Como o acorde I tem o mesmo nome da tonalidade, e a fundamental do acorde é a nota com o mesmo nome do acorde, então a fundamental do acorde I também possui o nome da tonalidade (exemplo: acorde I = Mi Maior; fundamental do acorde = Mi; tonalidade = Mi Maior). De extrema importância compreender esse mecanismo à medida que for progredindo nos estudos deste livro. Para encontrar os acordes no braço do instrumento, você deve saber onde as fundamentais estão localizadas.

Os acordes IV e V sempre têm a mesma relação com o acorde I, e sempre têm o mesmo nome em uma dada tonalidade. Por exemplo: na tonalidade de Mi Maior, o acorde I é algum tipo de Mi Maior, o acorde IV é sempre um tipo de Lá Maior e o acorde V é sempre Si Maior. Mais detalhes sobre essa questão serão mostrados mais adiante.

No blues, não é comum a existência de acordes maior e/ou menor simples. No lugar deles são utilizados, geralmente, acordes de 7ª e 9ª. Isso proporciona mais "cor" aos acordes. Seja um acorde A^7 ou E^7 etc., funcionará da mesma forma que nas progressões I, IV, V.

Observe adiante os acordes I^7, IV^7 e V^7 na tonalidade de Mi Maior.

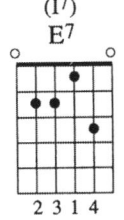
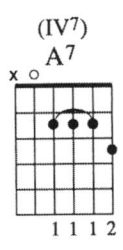
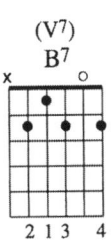

São acordes abertos, ou seja, usam cordas soltas. Para conseguir formá-los com rapidez e facilidade, você deve praticar individualmente alternando de um para outro. Use todas as combinações possíveis:

- I para IV;
- I para V;
- IV para I;
- IV para V;
- V para I;
- V para IV.

Os mesmos acordes acima serão utilizados no estudo musical desta lição.

ESTUDO

Estilo básico de blues/rock

Este estudo, "Texas Rock", está em Mi Maior e faz uso da metade inferior (mais grave) do Padrão 1 da escala pentatônica em Mi menor.

- Observe como os acordes desta lição são usados como "pontuação".
- Observe como as diferentes frases se repetem e como as figuras de nota simples são, praticamente, as mesmas durante toda a música.

Domine cada lição deste capítulo, frase por frase, antes de passar para as seguintes. Depois, realize o exercício com todas juntas. Comece bem lentamente e aumente a velocidade aos poucos. Certifique-se de usar as digitações da escala fornecidas neste capítulo e toque cada nota.

TEXAS ROCK

LIÇÃO 2

ESCALAS

Escalas móveis

Depois de aprendido o Padrão 1 da escala pentatônica em Mi menor, comece a trabalhar a forma "móvel" em outras tonalidades.

> Móvel, nesse caso, significa que o padrão pode ser movido pelo braço do instrumento sem a utilização de cordas soltas.

Abaixo se encontra o diagrama do Padrão 1 móvel (pentatônica menor).

Escala pentatônica menor – Padrão 1

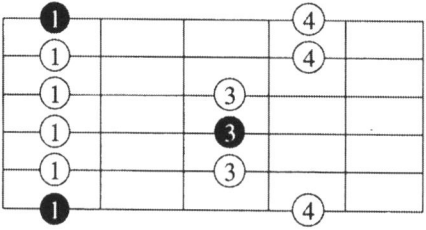

Observe que as digitações são diferentes das fornecidas com a escala aberta em Mi. Elas seguem a regra de um dedo por traste. Por exemplo: se estiver tocando com o 1º dedo no 3º traste, o 2º dedo tocará qualquer nota no traste seguinte (4º), o 3º tocará qualquer nota no 5º traste e o 4º dedo fará o mesmo no 6º traste.

A isso se chama tocar na "3ª posição", pois esse é o traste mais baixo e é tocado com o 1º dedo. Seja qual for o número de traste tocado com o 1º dedo, ele também terá o nome da posição.

Lembre-se de que a nota mais grave do Padrão 1 da escala menor pentatônica é a fundamental. Dessa forma, você encontrará a escala para qualquer tonalidade no braço do instrumento. Basta encontrar a nota na 6ª corda, que é a fundamental da tonalidade em que você está, e começar com o 1º dedo. Por exemplo: em uma tonalidade em Lá, a fundamental (Lá) está no 5º traste da 6ª corda.

Pratique, nesta lição, o Padrão 1 móvel em todo o braço do instrumento começando em Fá (1º traste) até Mi no 12º traste. Pratique devagar e uniformemente. Não pare na nota mais aguda, apenas volte para a nota mais grave.

Lembre-se de que a prática diária de escalas é extremamente importante e você será recompensado futuramente, através de boa técnica e compreensão abrangente do braço do instrumento.

ACORDES E PROGRESSÕES

Acordes móveis

Da mesma maneira que existem escalas móveis também há acordes móveis.

Na lição anterior, você aprendeu sobre os acordes I^7, IV^7 e V^7 na tonalidade em Mi, usando cordas abertas. Esta lição apresenta acordes com pestana, em que o primeiro dedo é usado para fazer uma "pestana" em todos ou na maioria dos trastes para substituir o lugar do capotraste da guitarra.

O diagrama a seguir mostra os acordes I⁷, IV⁷ e V⁷ na forma móvel:

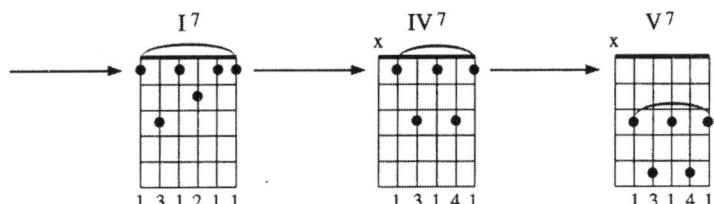

Esses acordes podem ser tocados em todo o braço do instrumento e a relação entre eles permanece a mesma. Observe a seta no lado esquerdo dos diagramas. Ela aponta sempre para o mesmo traste.

Por exemplo: na tonalidade de Lá Maior, no diagrama de I⁷, a seta aponta para o 5º traste, em que a fundamental do acorde I se encontra na 6ª corda. No diagrama de IV⁷, a seta ainda aponta para o 5º traste, em que a fundamental do acorde IV se encontra na 5ª corda. No diagrama de V⁷, a seta ainda aponta para o 5º traste, mas a fundamental do acorde V encontra-se dois trastes para cima (7º traste) na 5ª corda. A digitação do acorde V⁷ é a mesma para o acorde IV⁷.

Para saber como tocar esses acordes em qualquer tonalidade, você deve procurar a nota na 6ª corda com o mesmo nome da tonalidade. Essa é a fundamental do acorde I. Por exemplo: na tonalidade de Dó Maior, Dó está no 8º traste, na 6ª corda. Esse é o lugar, no diagrama, apontado pela seta.

Pratique tocando os acordes móveis I⁷, IV⁷ e V⁷ fornecidos acima, de Fá (1º traste) a Mi (12º traste). Pratique-os da mesma maneira que os acordes abertos I, IV e V na lição 1: todas as possíveis combinações de I para IV, I para V, IV para V etc.

Agora, você está pronto para aprender a progressão mais básica do blues: a progressão de 12 compassos, que é a seguinte:

```
     I         I         I         I         IV        IV
|| 4/4 / / / / | / / / / | / / / / | / / / / | / / / / | / / / / |
     I         I         V         IV        I         V
|  / / / / | / / / / | / / / / | / / / / | / / / / | / / / / ||
```

Observe a fórmula do compasso no começo da progressão. O número 4 em cima significa que há quatro tempos por compasso. Na progressão de acordes acima, os tempos são indicados por barras (/).

Um compasso é a unidade básica ou grupo de pulsações de uma música. Por exemplo: um compasso de quatro batidas é contado como:

1 – 2 – 3 – 4 | 1 – 2 – 3 – 4 | 1 – 2 – 3 – 4 | etc.

A expressão "12 compassos" significa: 12 grupos de quatro tempos.

Os dois últimos compassos da progressão compõem o que é chamado de turnaround. Ele simplesmente "faz a música voltar" para o início.

Pratique essa progressão nas tonalidades de Sol Maior (3º traste) e Lá Maior (5º traste) usando os acordes móveis I^7, IV^7 e V^7. Por enquanto, não se preocupe com o tipo de ritmo usado. Apenas toque o acorde inteiro em cada tempo.

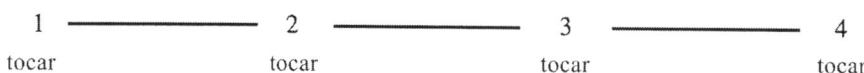

O esquema acima simplifica o estudo e faz com que você se concentre no aprendizado da progressão e também no dos acordes.

ESTUDO

Mais estilo blues/rock

Ritmicamente, o "Blues Rock Tune" é muito parecido com o "Texas Rock": seis notas simples e, posteriormente, acordes tocados. Ele ilustra a metade superior do Padrão 1 da escala pentatônica menor (móvel), novamente usando acordes como "pontuação".

Este estudo está escrito na tonalidade em Lá, tocando-se no 5º traste ou na 5ª posição.

Observe que há bends usados na melodia. Para tocar um bend:

- pressione a nota ou traste indicado, depois curve ou empurre a corda para cima até que o som atinja a nota desejada.

Por exemplo: para fazer o bend de Ré no 7º traste/3ª corda até Mi (um tom), coloque o dedo no 7º traste e empurre a corda para cima até que soe como a nota no 9º traste.

A progressão de acordes deste estudo é a progressão de blues de 12 compassos fornecida anteriormente.

BLUES ROCK TUNE

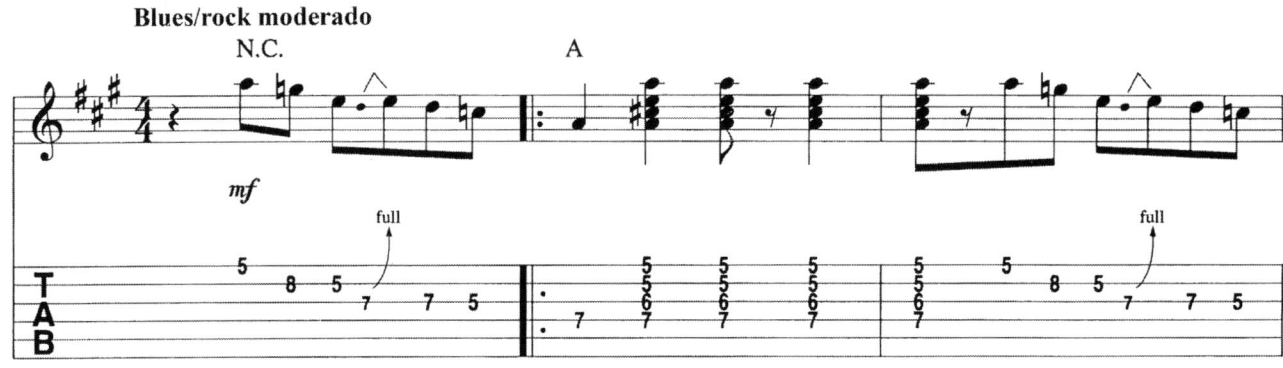
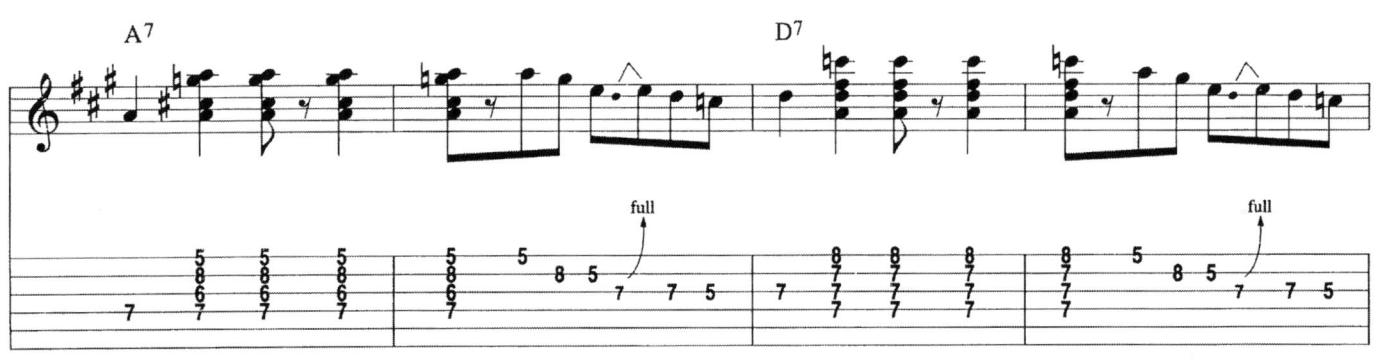
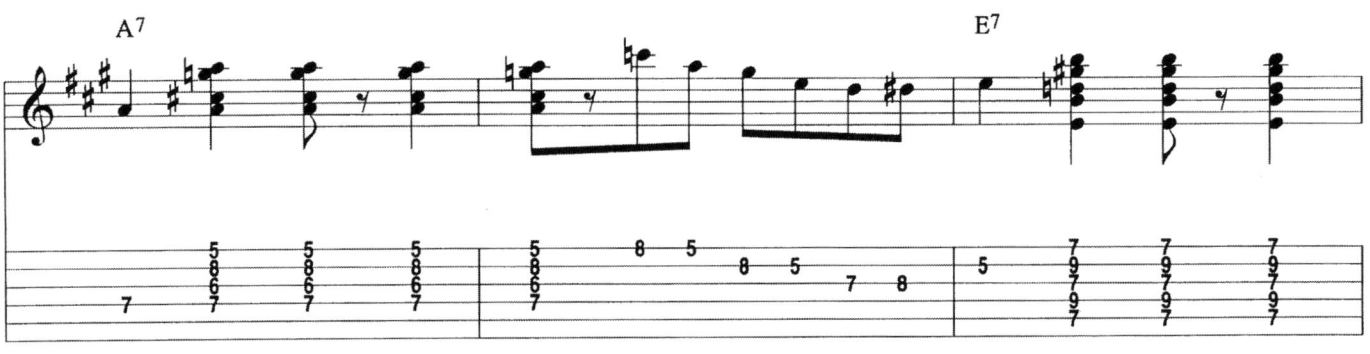
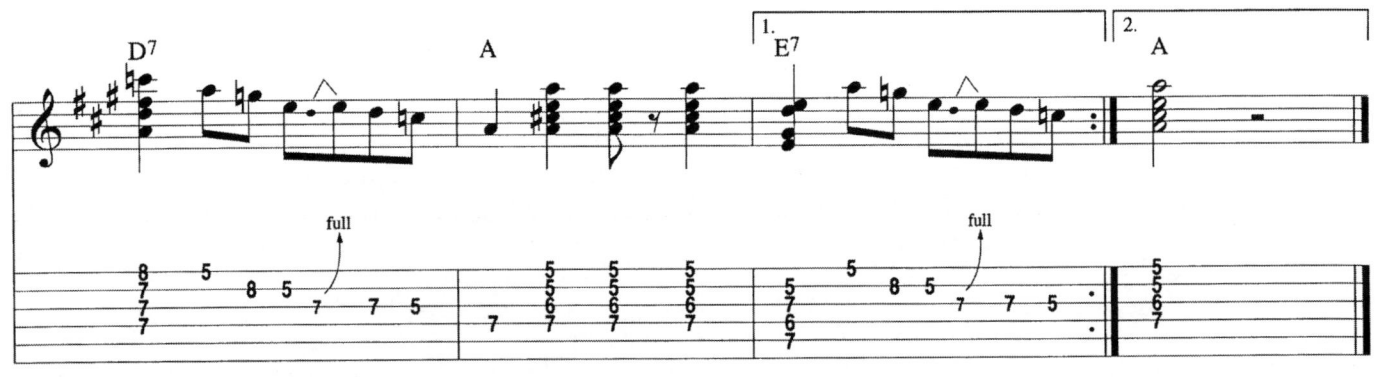

LIÇÃO 3

ESCALAS

O 2º padrão de pentatônica

Neste momento, você deve estar se sentindo confortável com o Padrão 1 da escala pentatônica menor. Caso contrário, você deve estudar mais o Padrão 1 antes de prosseguir. A lição 3 apresenta o Padrão 2 da escala pentatônica menor.

Escala pentatônica menor – Padrão 2 (móvel)

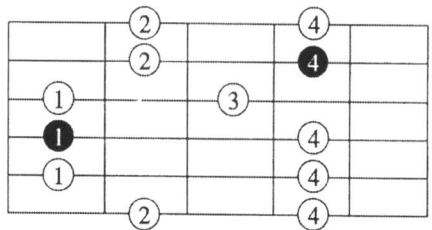

Assim como o Padrão 1, o Padrão 2 é móvel. Comece praticando. Novamente, toque devagar e uniformemente. Comece na posição mais baixa possível, em que as notas mais graves são tocadas com cordas soltas, e suba pelo braço do instrumento até o 12º traste.

Continue praticando o Padrão 1. Na próxima lição, você vai saber como eles se encaixam.

ACORDES E PROGRESSÕES

A progressão "mudança rápida"

Você aprendeu a progressão básica de blues de 12 compassos. Agora será acrescentada uma nova forma do acorde V^7 móvel. Essa forma é a seguinte:

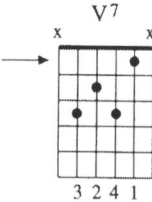

Observe que a fundamental do acorde ainda é a mesma em relação à posição em que você está (veja a seta), mas o restante do acorde é formado diferentemente. O uso desse acorde permite uma condução de voz mais suave.

Condução de voz é o movimento das vozes, ou notas, de um acorde para as vozes do próximo acorde.

Na lição 2, a passagem do IV^7 para o V^7 móvel era feita movendo-se o IV^7 dois trastes acima para fazer o acorde V^7, de forma que todas as notas do acorde IV^7 se moviam na mesma direção (para cima), e na mesma distância (dois trastes).

Com a nova forma V⁷, algumas notas se movem para cima; outras para baixo, todas em distâncias diferentes (número de trastes).

Observe que para essa nova forma de acorde utiliza-se apenas as quatro cordas do meio. Não toque as cordas externas (1ª e 6ª).

Veja nova variação da progressão de blues de 12 compassos. Eventualmente, ela é chamada de progressão "mudança rápida", pois o músico muda para o acorde IV no 2º compasso e depois volta ao acorde I no 3º compasso. O restante é igual à progressão básica fornecida na lição 2. Provavelmente seja a progressão de blues de 12 compassos tocada com mais frequência.

Pratique essa progressão usando o novo acorde de V⁷.

ESTUDO

"Blue Notes"

"True Blue" está na tonalidade de Lá Maior e no Padrão 1 da escala pentatônica menor (5ª posição). Utiliza-se a progressão de blues de 12 compassos (mudança rápida) já estudada. Certifique-se de manter a mão na posição do 5º traste e usar o princípio de um dedo por traste.

Você já deve ter reparado que estamos usando uma nota que não pertence à escala pentatônica menor básica. Veja:

- compasso 8, "Texas Rock" (lição 1);
- compasso 8, "Blues Rock Tune" (lição 2);
- compassos 2 e 5, "True Blue" (lição 3).

A nota "extra" é chamada de ♭5 ou ♯4 da escala e, eventualmente, de "blue note". Ela será explicada integralmente adiante.

TRUE BLUE

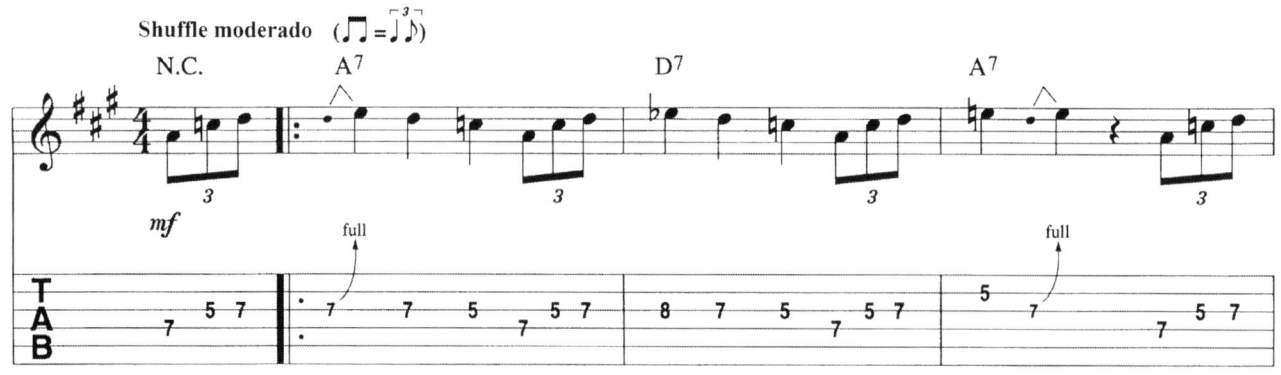

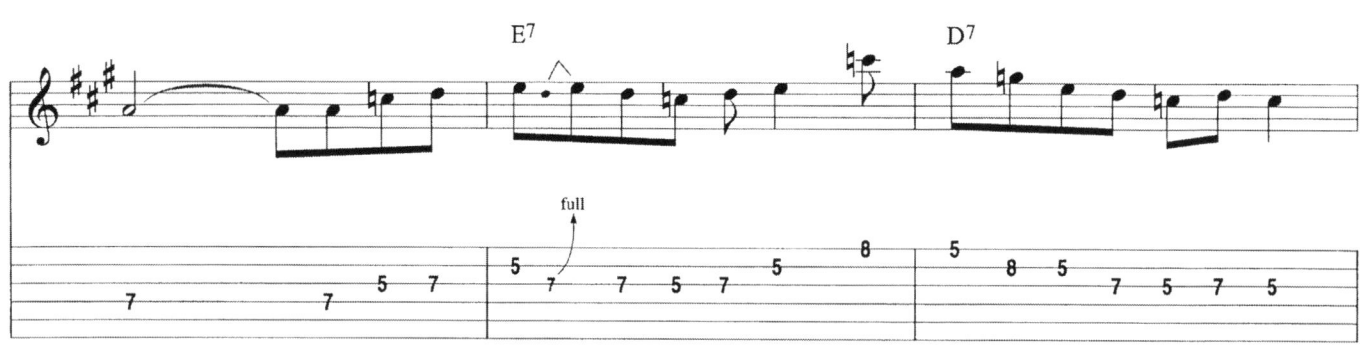
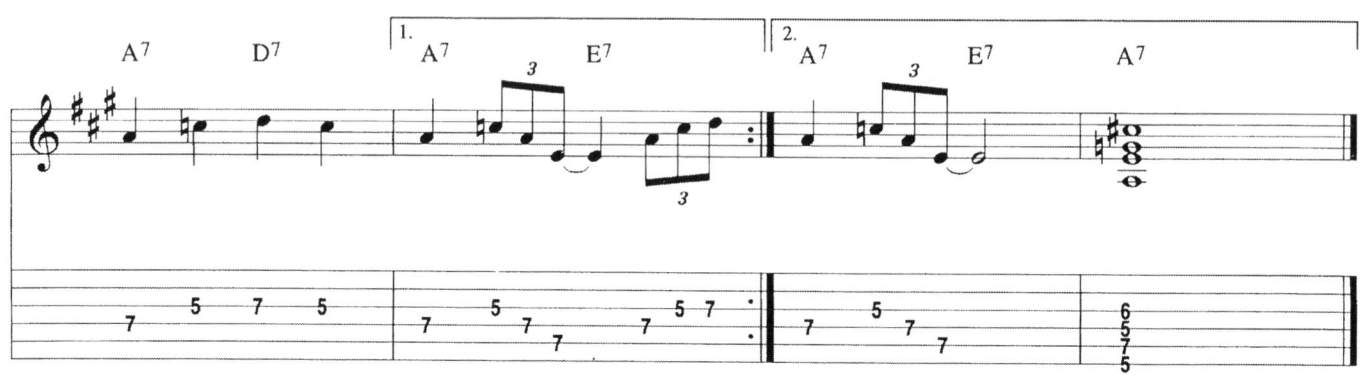

LIÇÃO 4

ESCALAS

Como conectar os padrões de escala 1 e 2

Agora que você aprendeu os padrões 1 e 2 da escala pentatônica menor, veja como juntá-los.

Repare que há apenas duas notas por corda nesses padrões de escala. E assim, podemos chamá-las de notas "inferior" e "superior" do padrão. Observe também que a organização das notas superiores do Padrão 1 e das notas inferiores do Padrão 2 é parecida.

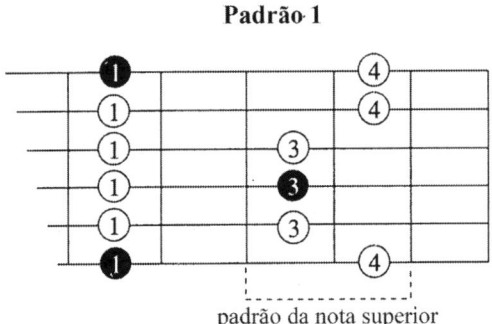

Padrão 1

padrão da nota superior

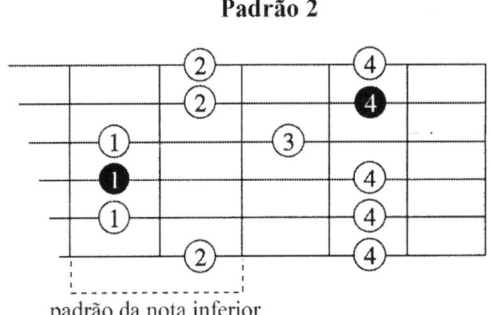

Padrão 2

padrão da nota inferior

A fundamental está localizada na 4ª corda em ambos os padrões. De fato, as duas notas são exatamente a mesma nota. O Padrão 1 e o Padrão 2 compartilham notas e, assim, o Padrão 2 se encaixa sobre o Padrão 1, conforme ilustra o diagrama seguinte.

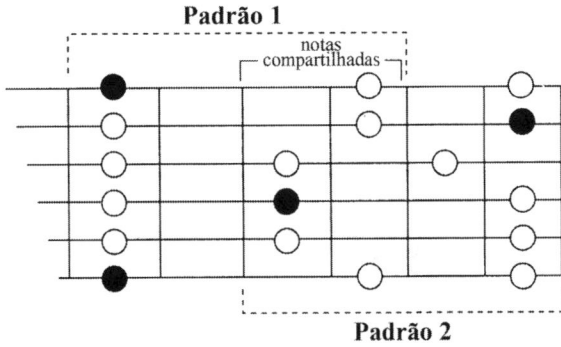

Todos os padrões da escala se encaixam. Você verá nas lições seguintes. Nesta lição, pratique juntamente o Padrão 1 e o Padrão 2, a partir de Mi (usando cordas soltas no Padrão 1), até a nota de Mi bemol (Padrão 1 no 11º traste), movendo uma tonalidade (traste) por vez.

- Comece tocando o Padrão 1 como nas lições anteriores.

- Mude para o Padrão 2 da mesma tonalidade (dois trastes acima do Padrão 1) e toque como na lição anterior.

- Dirija-se à próxima tonalidade, com o Padrão 1 novamente. Exemplos: tonalidade de Mi Maior, de Fá Maior, de Fá sustenido Maior, de Sol Maior etc. até a tonalidade de Mi bemol Maior.

Como fazer isso na tonalidade de Mi Maior:

Padrão 1 (com cordas abertas)

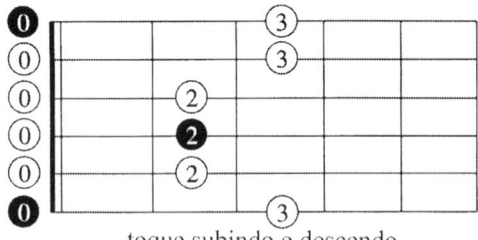

toque subindo e descendo...

...depois para o Padrão 2, ainda na tonalidade de Mi Maior, agora na 2ª posição

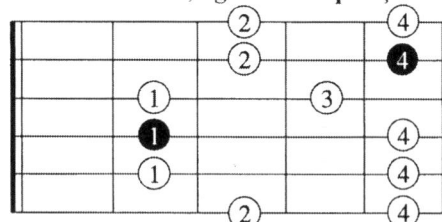

toque subindo e descendo...

Em seguida recomece em Fá (1º traste) e assim por diante. Não se apresse em passar do Padrão 1 para o Padrão 2. Em vez disso, dê um tempo para encontrar o Padrão 2 e coloque a mão na posição.

ACORDES E PROGRESSÕES

Movimentos de fundamental e mais acordes móveis

Você vai aprender, nesta lição, um novo conjunto de acordes – I^7, IV^7 e V^7 – que pode ser usado na progressão de blues. Esse novo conjunto tem um padrão diferente de movimento de fundamental no braço do instrumento.

> Movimento de fundamental é como as fundamentais dos acordes se movem ao passar de um acorde para outro.

No caso, a fundamental do acorde I^7 está localizada na 5ª corda, em vez da 6ª. Além disso, as fundamentais dos acordes IV^7 e V^7 estão localizadas na 6ª corda, em vez da 5ª. As formas dos acordes são aquelas que você já aprendeu. Elas apenas estão organizadas de maneira diferente.

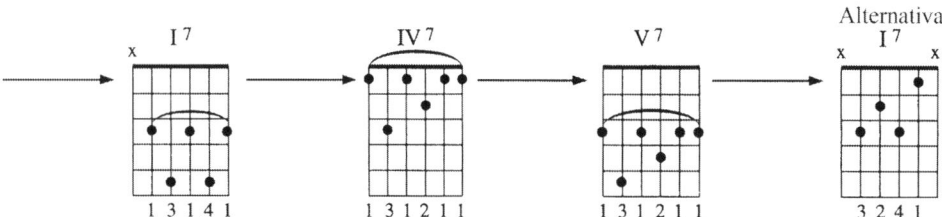

A seta funciona da mesma maneira que no conjunto anterior, apontando para o mesmo traste em uma dada tonalidade. Você deve reconhecer as formas dos acordes.

Para encontrar as posições, localize a fundamental do acorde I^7 na 5ª corda. Lembre-se de que a fundamental tem o mesmo nome da tonalidade em que você está. Toque um dos novos acordes I^7 fornecidos acima.

Para localizar o acorde IV, procure na 6ª corda, dois trastes abaixo da fundamental do acorde I.

A fundamental do acorde V está dois trastes acima do IV, na mesma corda (ou o mesmo traste da fundamental do acorde I, apenas na 6ª corda). Veja o diagrama do padrão da fundamental:

Esse conjunto de acordes é móvel e, portanto, pode ser tocado em qualquer tonalidade.

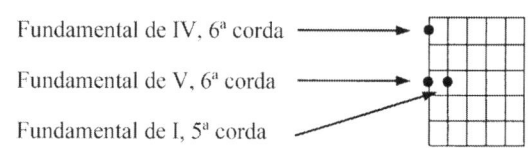

Preste atenção para não confundir com o conjunto que você aprendeu na lição 2 (conjunto 1) com esse (que vamos chamar de conjunto 2). Os dois conjuntos não são encontrados na mesma posição, nem na mesma tonalidade.

A fundamental do acorde I no conjunto 2 é encontrada sete trastes acima ou cinco trastes abaixo (da fundamental do acorde I nos acordes do conjunto 1). Veja um exemplo na tonalidade em Lá:

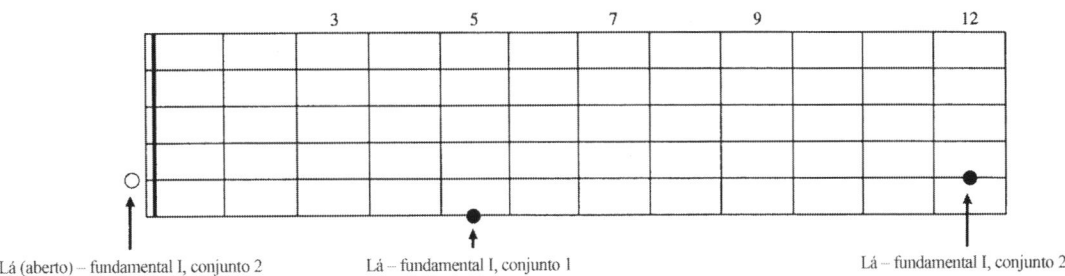

Lá (aberto) – fundamental I, conjunto 2   Lá – fundamental I, conjunto 1   Lá – fundamental I, conjunto 2

Repare que não é possível tocar sempre o conjunto 2 abaixo do conjunto 1, pois as cordas não chegam até lá. Veja a tonalidade de Sol Maior e tente encontrar a fundamental do acorde I, conjunto 2 abaixo do conjunto 1 no 3º traste. Ela não se encontra lá.

Pratique o conjunto 2 do I^7, IV^7 e V^7 usando a progressão "mudança rápida" de blues de 12 compassos. Use ambas as formas de I^7 fornecidas e localize, na progressão, onde você gostaria de tê-las. Isso é uma questão de gosto pessoal. Nesse caso não há forma "correta".

De agora em diante, a menos que haja uma observação, você usará a progressão "mudança rápida" sempre que o blues de 12 compassos for mencionado.

ESTUDO

O "balanço" do shuffle básico

O estudo desta lição é "Swingin' the Blues". Ele está no Padrão 1 da escala pentatônica menor na tonalidade de Lá Maior. Você deve saber, antecipadamente, que ele está na 5ª posição. Caso contrário, volte e se aprofunde no estudo da posição do Padrão 1 em várias tonalidades.

A música foi escrita na forma de blues de 12 compassos. O balanço dessa música, um shuffle, é o que se chama de "balanço em tercinas". Ela passa a "sensação de jazz". Assim, o tempo deve ser contado da seguinte forma:

1-e-e, 2-e-e, 3-e-e, 4-e-e

ou

1 – 2 – 3, 2 – 2 – 3, 3 – 2 – 3, 4 – 2 – 3

Ao tocar as colcheias (duas por batida ou 1-e, 2-e, 3-e, 4-e) com o balanço em tercinas, a primeira nota (1 ou 2, 3, 4) deve ser mais longa do que a segunda nota (e). Usando-se as informações acima, as colcheias devem ser contadas da seguinte forma:

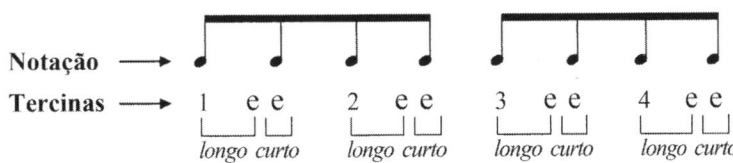

Ouça o áudio e tenha uma ideia melhor do "balanço em tercinas".

Lembre-se de começar devagar.

21

Acrescentamos neste estudo outra nota à escala. A segunda nota na música é um Dó sustenido (3ª corda/6º traste), que não está na escala pentatônica menor. Ela vem do acorde I^7. Toque um acorde de A^7 no 5º traste, fundamental na 6ª corda e veja que esse Dó sustenido faz parte do acorde.

Independente de a nota estar ou não na escala usada, você pode usar sempre qualquer nota do acorde em que estiver. A nota sempre vai soar corretamente.

Esta lição apresenta o hammer-on. Para executar o hammer-on, você deve tocar a nota no traste indicado pela primeira nota (número) e, sem tocar novamente, aperte a segunda nota usando um movimento rápido e pesado com o dedo (como "martelar" o braço do instrumento).

Observe o turnaround nos dois últimos compassos dessa peça. Essa figura melódica é um clichê. Aprenda-o bem, pois isso é muito útil. Você aprenderá outros neste livro.

SWINGING THE BLUES 5 6

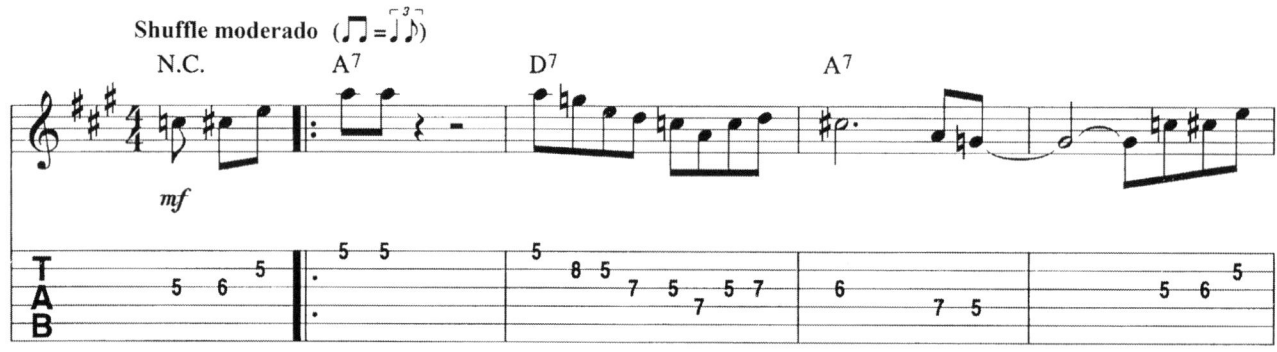

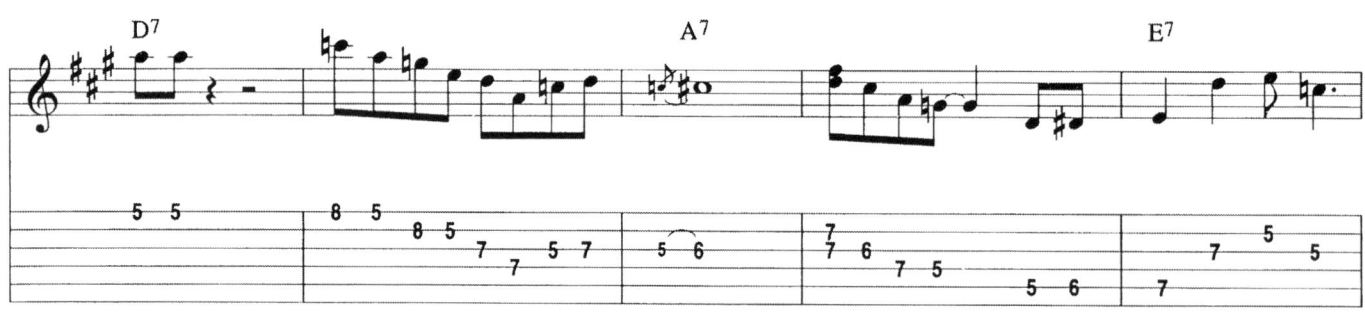

LIÇÃO 5

ESCALAS

Padrão 3 de pentatônica

Esta lição apresenta o terceiro padrão da escala pentatônica menor. O Padrão 3 tem algumas digitações complicadas na metade superior (cordas 1-3). Por isso observe o diagrama abaixo com cuidado e siga-o exatamente.

Escala Pentatônica Menor - Padrão 3

Observe que as notas no traste apontadas pela seta são tocadas pelo 1º dedo. Observe também que há uma nota na 3ª corda tocada pelo 1º dedo.

A posição dessa escala é o número do traste para o qual a seta aponta. Essa é a posição da maioria das notas tocadas pelo 1º dedo. Você alcança a nota mais grave na 3ª corda esticando abaixo do traste ou "fora da posição". O restante das notas segue o princípio de uma nota por traste. Por exemplo: na tonalidade em Mi, a seta aponta para o 5º traste e faz com que você fique na 5ª posição.

Observe que a fundamental mais grave é a nota superior da 5ª corda. Você pode encontrar o Padrão 3 localizando a nota com o mesmo nome que a tonalidade na 5ª corda e depois colocando o 3º dedo naquele local. Isso faz com que você toque o Padrão 3.

O Padrão 3 se encaixa ao Padrão 2 da mesma forma que o Padrão 2 se encaixa ao Padrão 1 (veja lição 4). Eles compartilham notas. Esse assunto será mais aprofundado na próxima lição. Pratique, por enquanto, apenas o Padrão 3 em todo o braço do instrumento, conforme realizado com as outras duas formas.

Pratique também os Padrões 1 e 2. Tendo em vista que todos os estudos de escala neste livro são progressivos, você não pode se esquecer do material apresentado anteriormente.

ACORDES E PROGRESSÕES

O ritmo spread

Observe agora uma nova maneira de tocar o ritmo na progressão de blues de 12 compassos. Ela é chamada de "ritmo spread" e envolve o uso de apenas duas notas dos acordes. Você pode usar qualquer dos dois padrões de movimento de fundamental aprendidos nas lições anteriores.

Esse ritmo tem o balanço de tercinas descrito na seção de estudo da lição 4.

Veja os dois padrões na tonalidade de Lá e Ré:

Ritmo spread 1 usando o padrão de movimento de fundamental do conjunto 1 dos acordes móveis I, IV e V (tonalidade de Lá).

Ouça a faixa rítmica do estudo 3, "True Blue", e observe o exemplo com o padrão de movimento de fundamental do conjunto 1 na tonalidade de Lá Maior.

Ritmo shuffle 2 usando o padrão de movimento de fundamental do conjunto 2 dos acordes móveis I, IV e V (tonalidade de Ré Maior).

ESTUDO

"Double stops"

"Double Stop Stomp" apresenta o uso do Padrão 2 juntamente com o Padrão 1. Possui o mesmo ritmo tercinado de "Swinging the Blues" e segue a progressão de blues de 12 compassos.

Observe, além das mudanças de padrão de escala neste estudo, o seguinte:

- No compasso 6, as "double stops" na 2ª e 3ª cordas podem ser complicadas.

    Uma "double stop" são duas notas (em cordas diferentes) tocadas simultaneamente.

    Observe que as notas da figura da tercina permanecem as mesmas até que as duas últimas notas mudam, trocando do Padrão 2 para o Padrão 1.

- No compasso 9 há um Lá (4ª corda/7º traste) que não está na escala pentatônica menor de Sol. Essa nota vem do acorde V, que é o acorde tocado no compasso.

- Lembre-se de que, além das notas normais da escala, você sempre pode usar qualquer nota do acorde da progressão. Isso acrescenta variedade e "cor" ao som. Toque um acorde de D⁷ na 5ª posição e veja de localidade vêm as notas.

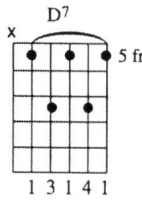

- Observe também que o padrão principal no compasso 9 se repete no compasso 10, dois trastes abaixo no acorde IV.

- O turnaround apresenta uma nova figura melódica, normalmente usada no blues. Observe que ela se movimenta no sentido contrário daquela em "Swinging the Blues" (lição 4), mas ainda assim termina na mesma nota.

    Tente tocar esse turnaround junto com aquele em "Swinging the Blues" (na mesma tonalidade, claro). Por ser difícil juntá-los, é necessário usar um dedo livre da mão, o qual pinçará as cordas. Você observará que eles se combinam muito bem.

DOUBLE STOP STOMP

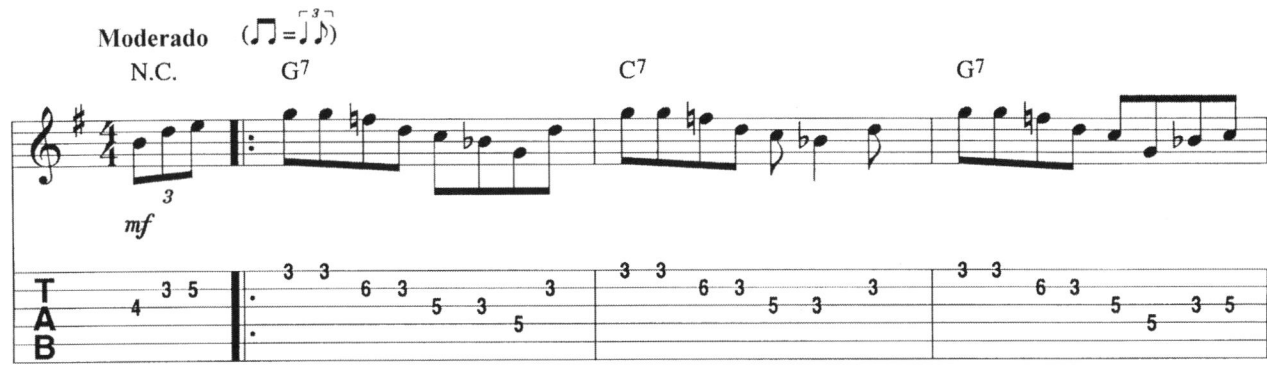
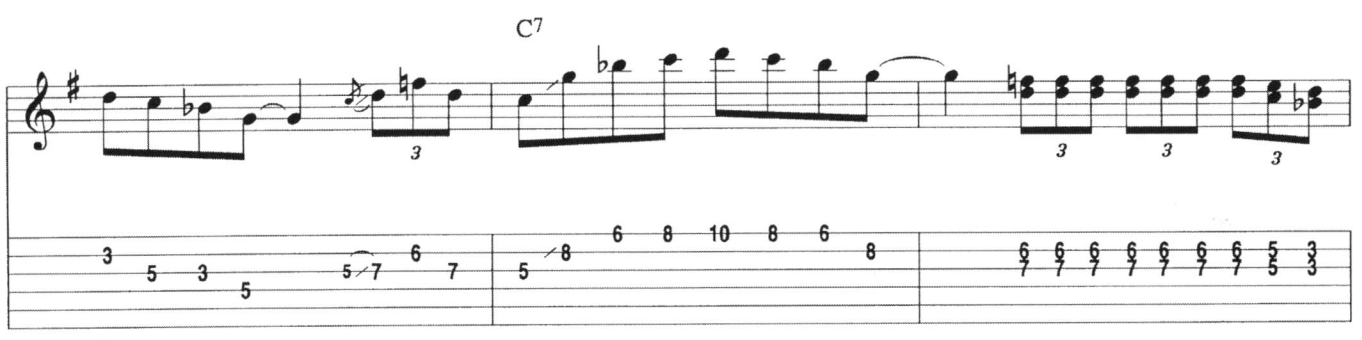

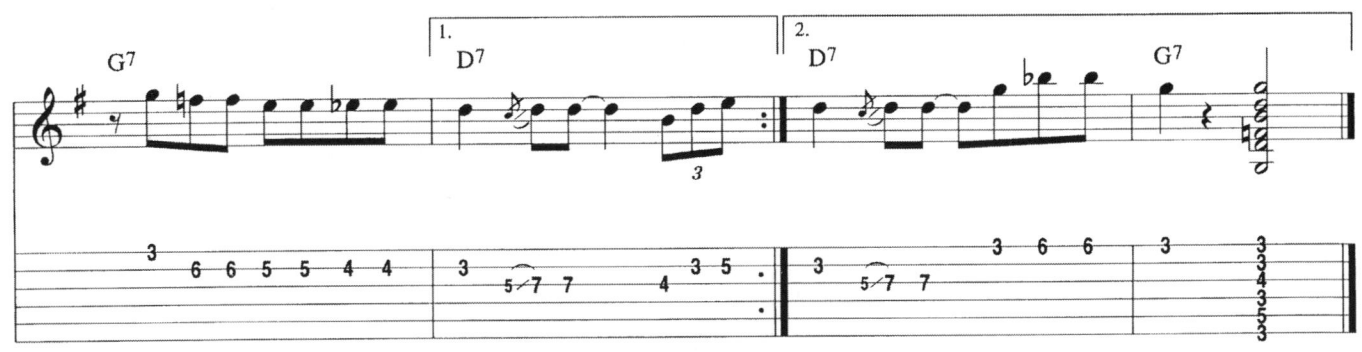

LIÇÃO 6

ESCALAS

Como conectar os três primeiros padrões, Apresentação do 4º

Neste momento, dependendo do treinamento diário, você deve estar apto, com certa vantagem, a tocar os três primeiros padrões das escalas pentatônicas menores. Há apenas mais dois padrões a aprender. O Padrão 4 também será apresentado nesta lição.

Primeiramente, veja como o Padrão 3 se encaixa no Padrão 1 e no Padrão 2. O Padrão 3, igualmente às formas anteriores, compartilha notas com o Padrão 2. As notas mais graves do Padrão 3 são as mesmas notas mais agudas do Padrão 2. Elas aparecem da seguinte maneira:

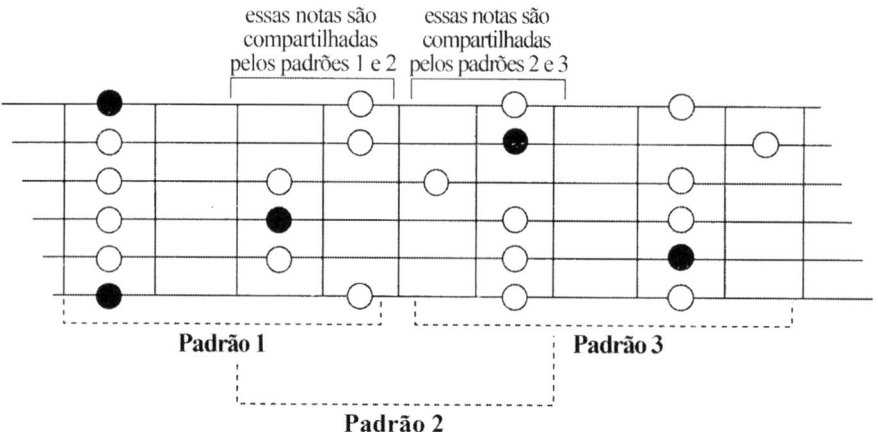

Pratique os padrões 1, 2 e 3 juntos, da mesma maneira que você praticou os padrões 1 e 2. Faça nas tonalidades maiores em Mi, Fá, Sol, Lá e Si. Você deve encontrar todas as tonalidades. Caso contrário, reveja as lições de escala anteriores.

Padrão 4. Ele é simples e tem a seguinte aparência:

Escala menor pentatônica – Padrão 4

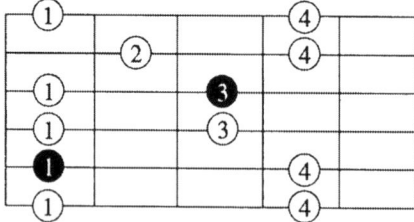

Pratique o Padrão 4 da mesma forma que foram praticados os outros três padrões:

- suba e desça através do braço do instrumento;
- comece no capotraste usando cordas abertas.

Provavelmente, você já consiga ver como o Padrão 4 se encaixa com os outros. Observe na próxima lição.

ACORDES E PROGRESSÕES

O Círculo das Quintas

Nesta lição, você vai aprender a forma fácil de localizar os acordes I, IV e V, em qualquer tonalidade, usando o Círculo das Quintas. A aparência é a seguinte:

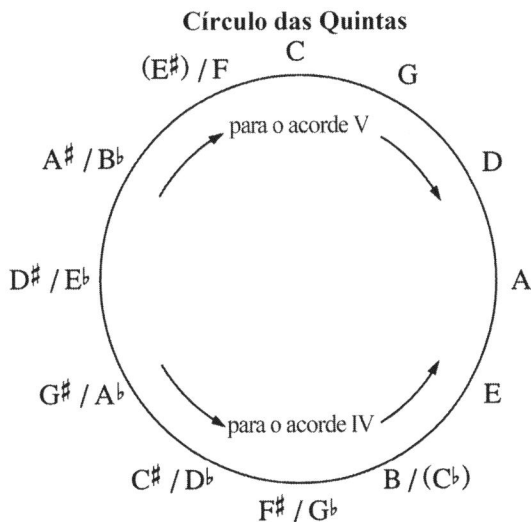

A utilização do diagrama é muito simples. Ele funciona da seguinte maneira:

Procedimento	Exemplo
• Escolha qualquer nota como tonalidade, que será também o nome do primeiro acorde.	• Se você escolher a tonalidade em C, o primeiro acorde será C.
• Localize a nota no círculo	• C no topo.
• Movendo-se pelo círculo no sentido horário, olhe para a letra ao lado da nota para nomear o acorde V.	• Ao lado do C está o G, e o acorde V na tonalidade em C é G.
• Agora, volte à nota original e mova no sentido anti-horário, até a nota seguinte, para encontrar o acorde IV.	• No sentido anti-horário, a partir do C, está o F. O acorde IV na tonalidade em C é um acorde em F.

O Círculo das Quintas funciona da forma apresentada a qualquer tonalidade, não importa o local onde a letra esteja no círculo.

Observe que alguns lugares do círculo têm duas notas separadas por uma barra (ou seja, F♯/G♭). Elas são notas enarmônicas.

> Um enarmônico é uma nota ou acorde (ou tonalidade, no caso) que tem o mesmo som de outra nota ou acorde, mas um nome diferente. Isso ocorre para que possamos diferenciar tonalidades com sustenidos de bemóis.

Ao usar essas notas, seja consistente com os "acidentes".

> Um acidente é um símbolo de sustenido (♯) ou de bemol (♭).

Se você decidir escolher uma tonalidade com bemol, e se tiver escolha, use a letra com bemol das notas enarmônicas para os acordes IV e V. Por exemplo: na tonalidade de Lá bemol, use E♭ para V, e não D♯; e chame o acorde IV de D♭, e não de C♯.

29

Os acordes enarmônicos soam da mesma forma e são tocados, exatamente, no mesmo lugar na guitarra. Eles são os mesmos acordes, mas têm nomes diferentes. Importante entender esse ponto, especialmente se seu interesse consiste em se aprofundar em teoria musical.

Finalmente, observe o E♯ acima do F no círculo, e no C♭ sob o B. Não use E♯ ou C♭ como nomes de tonalidade. Use F ou B. O E♯ e C♭ devem ser usados apenas em tonalidades de Lá sustenido (E♯ é o acorde V) e Sol bemol (C♭ é o acorde IV).

Localize os acordes I, IV e V, nas seguintes tonalidades, e certifique-se de que seus resultados correspondem aos listados aqui.

Tonalidade	I	IV	V
Lá	A	D	E
Dó sustenido	C♯	F♯	G♯
Si bemol	B♭	E♭	F
Fá sustenido	F♯	B	C♯
Sol	G	C	D
Sol bemol	G♭	C♭	D♭

ESTUDO

Estilo "Delta" básico

"Delta Mood" está em estilo diferente de todos os tocados até aqui, neste livro. Ele segue o estilo de Muddy Waters e John Lee Hooker, e soa um pouco mais "pesado" do que os estudos anteriores.

A progressão de acordes é a de blues básica de 12 compassos. Não há "mudança rápida" para o acorde IV no segundo compasso, e, em vez de mudar para o V, ele permanece no acorde I no último compasso.

Observe que a mesma figura principal, ou riff, é repetida durante o acorde I e muda um pouco nos acordes IV e V. Na realidade, tocamos os acordes IV^7 e V^7 em "Delta Mood". Monte e mantenha o acorde IV nos compassos 5, 6 e 10, e, em vez de dedilhar individualmente as notas, o acorde V no compasso 9.

Ouça com atenção o ritmo dessa peça. Ouça também gravações de Muddy Waters e John Lee Hooker. Busque por canções que tenham esse ritmo. A maioria dos álbuns desses artistas tem uma ou duas canções nessa "pegada". Muito importante ouvir agora inúmeras gravações de blues. Este livro sugere, ocasionalmente, alguns artistas específicos.

DELTA MOOD

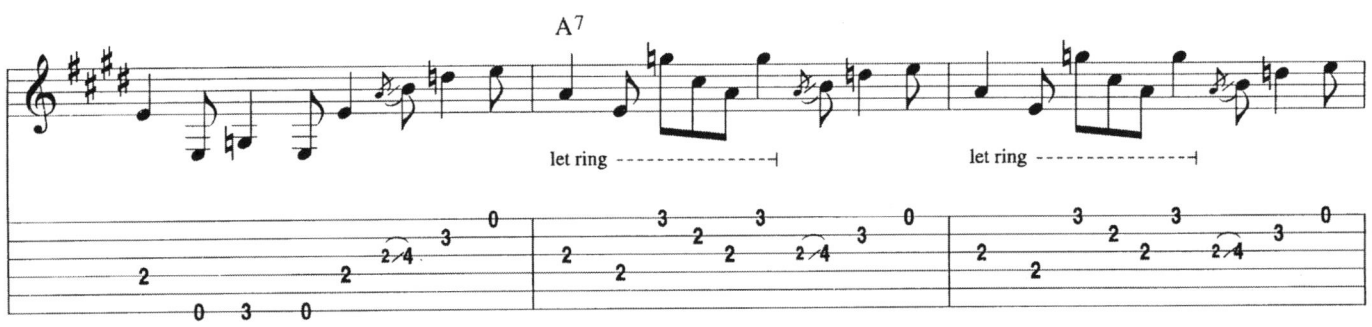

LIÇÃO 7

ESCALAS

O último padrão de escala (5º)

Junte o Padrão 4 com os três primeiros padrões. Ele funciona da mesma maneira do que os outros e tem a seguinte aparência:

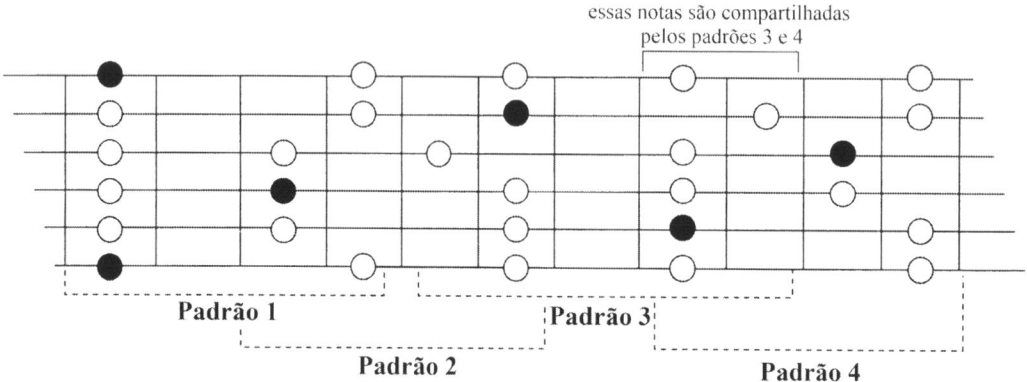

Pratique os quatro primeiros padrões na tonalidade em Mi Maior (posição aberta) até a tonalidade em Lá Maior (5º traste) e depois volte meio tom (um traste) por vez. Comece pelo Padrão 1 em cada tonalidade.

Agora, vamos examinar a última forma da escala pentatônica menor: o Padrão 5. Ele se apresenta da seguinte maneira:

Escala pentatônica menor: Padrão 5

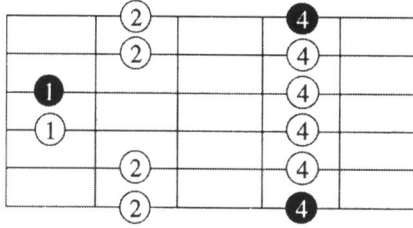

Pratique o Padrão 5 da mesma forma que os outros, começando na posição mais baixa possível, usando cordas soltas para as notas mais graves, ou seja, nas cordas 4 e 3. Lembre-se de mudar sua digitação na posição aberta, de forma que seu primeiro dedo fique no primeiro traste e o restante siga o princípio de um dedo por traste.

ACORDES E PROGRESSÕES

Apresentação dos acordes com 9ª

Passemos agora para um novo tipo de acorde: o acorde com 9ª. Os acordes com nona funcionam da mesma forma que os acordes com sétima. Assim, eles podem ser usados no lugar em que um acorde com sétima também poderia ser usado. Em todos os lugares que você puder usar um acorde I⁷, será possível usar um acorde I⁹. E em todos os lugares que você puder usar um acorde IV⁷, será possível usar um acorde IV⁹, e assim por diante.

No entanto, você vai descobrir que os acordes com nona têm um som muito diferente dos acordes com sétima. Eles têm um som mais suave, mais parecido com o jazz e, talvez, mais sofisticado. Eles não proporcionam um som "funkeado", como o acorde puro de sétima.

As nonas não são tão úteis para a maioria das músicas rock que têm como base o blues, mas elas podem soar muito bem em um blues shuffle, como "Swinging the Blues", ou em blues lento e suave.

Você vai estudar dois conjuntos de acordes com nona, assim como fizemos com os acordes com sétima. Esses conjuntos usam os mesmos padrões de movimento de fundamental dos dois conjuntos de acordes com sétima. Esta lição apresenta o conjunto 1 de acordes com nona:

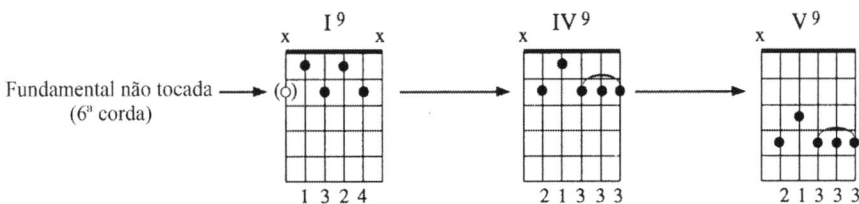

Acordes com nona – conjunto 1

Observe que o acorde I^9 no conjunto 1 não tem a fundamental no baixo (na corda mais grave tocada). Omitimos a fundamental mais grave, mas ela está marcada no diagrama para que você possa ver o movimento de fundamental e encontrar o acorde com mais facilidade.

A fundamental pode ser tocada (opcionalmente) na 1ª corda, mas essa digitação é mais difícil de ser tocada. Para começar, use as quatro cordas centrais (da 5ª a 2ª).

Os acordes IV^9 e V^9 têm a fundamental no baixo. Esses acordes, eventualmente, são difíceis de ser tocados, pois é necessário fazer uma pestana com o 3° dedo para tocar as três notas superiores. Para isso, a primeira articulação do 3° dedo deve se dobrar para trás. Pode levar algum tempo até que sua articulação fique flexível o bastante para isso.

Mantenha-a assim, porém, caso sinta qualquer dor na articulação, pare e descanse. Vá devagar! Faça dessa forma sempre com algo novo que seja fisicamente desconfortável ou difícil a sua execução. Nunca toque com dores.

ESTUDO

Um monte de bends

Como o título sugere, este estudo, "Bending the Blues", se concentra em bends.

Bends são importantes no estilo blues na guitarra. Eles dão um som "vocal" à música e permitem que você seja mais expressivo e dramático. Bends podem ser usados para fazer sua guitarra "cantar" e também "chorar".

Você, provavelmente, vai descobrir que com uma altura (ação) muito pequena entre as cordas e o braço da guitarra seja muito difícil fazer um bend. Isso porque não é possível obter uma boa "pegada" na corda. Quando você está fazendo um bend é necessário apertar a corda um pouco de lado para que ela não deslize embaixo do seu dedo. Se a ação estiver muito baixa e você tiver problemas, aumente-a um pouco.

Para obter mais apoio, você pode recorrer ao dedo anterior àquele que você está usando para apertar a corda. Assim, você ajuda a empurrar lateralmente a corda. Em outras palavras, se estiver apertando a corda com o 3° dedo, você poderá ajudar a empurrar a corda com o 2° dedo. De forma similar, se estiver fazendo o bend com o 4° dedo, você poderá usar o 3° dedo para ajudar a empurrá-la. Você deve tentar desenvolver a força para fazer bend nas cordas usando qualquer dedo, mas faça isso devagar para evitar distender o dedo.

Quando estiver fazendo bend nas cordas centrais (3ª e/ou 4ª), a regra geral é sempre fazer o bend no sentido oposto à corda que você tocará depois. Observe a anacruse em "Bending the Blues".

> Uma anacruse é uma figura melódica ou riff que leva ao primeiro compasso completo de uma música. Pode ser um riff de bateria, ou parte vocal, ou qualquer outra instrumentação no começo de uma música.

Você deve empurrar a 3ª corda para cima, no sentido oposto à 2ª corda que será tocada posteriormente. Se a corda a ser tocada posteriormente for mais grave do que aquela que você está fazendo o bend, empurre-a para baixo, no sentido oposto da corda mais grave. Claro, se você estiver fazendo o bend nas cordas externas (1ª, 2ª, 5ª e/ou 6ª), será quase sempre desejável fazer o bend em direção ao meio do braço do instrumento para evitar que se saia dele.

Ao fazer o bend para cima, em uma nota que não será seguida de um bend reverso para baixo, abafe a corda ao soltar o bend, para que você não ouça a nota da volta do bend. Isso pode ser feito aliviando um pouco a pressão na corda – o suficiente para fazer com que a corda pare de soar, mas não o bastante para que ela escorregue do dedo de volta para seu lugar no braço do instrumento. Essa operação é muito complicada e requer bastante treino, mas ao aprender essa técnica, você terá controle sobre seus bends.

Observe, novamente, a anacruse da música e veja o primeiro bend. Nessa anacruse, você faz um bend na 3ª corda/7º traste, até um Mi, e depois toca o mesmo Mi na 2ª corda/5º traste. Como você não quer ouvir a corda do bend voltando quando você soltá-la, entre o bend e a próxima nota, será necessário abafá-la antes de soltá-la.

Este estudo ilustra a maior parte dos lugares para se fazer bend nos padrões 1 e 2 da escala pentatônica menor.

Este estudo é tocado em uma progressão de blues de 12 compassos na tonalidade em Lá Maior.

BENDING THE BLUES

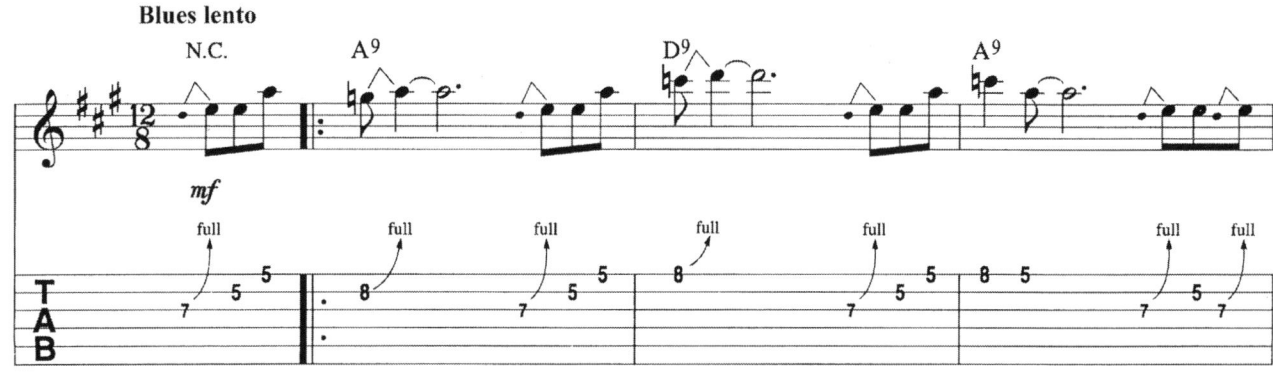

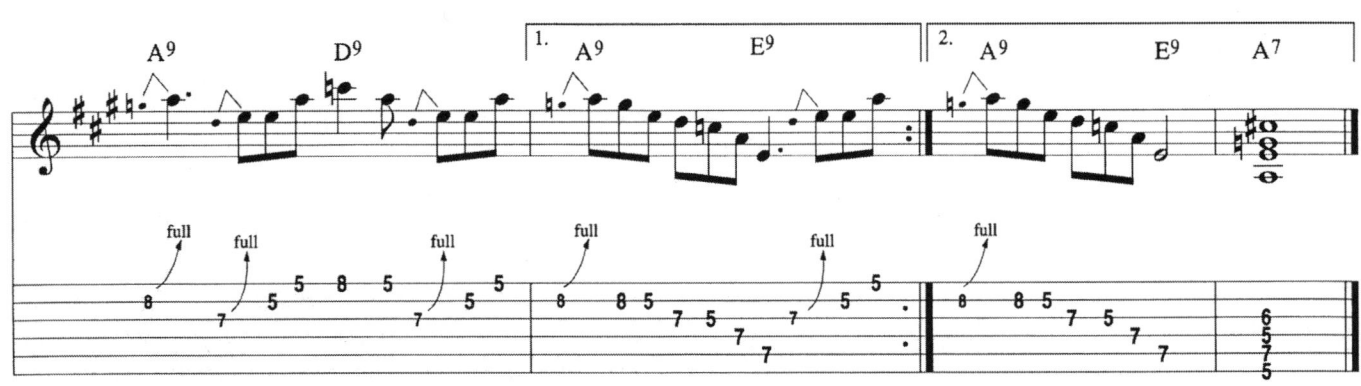

LIÇÃO 8

ESCALAS

Como conectar todos os padrões

Como você já aprendeu todos os padrões da escala pentatônica menor, você deve estar razoavelmente à vontade com todos eles. Caso contrário, volte e concentre sua prática em qualquer um dos cinco padrões no qual você tem problema. O diagrama a seguir mostra todos os cinco padrões juntos.

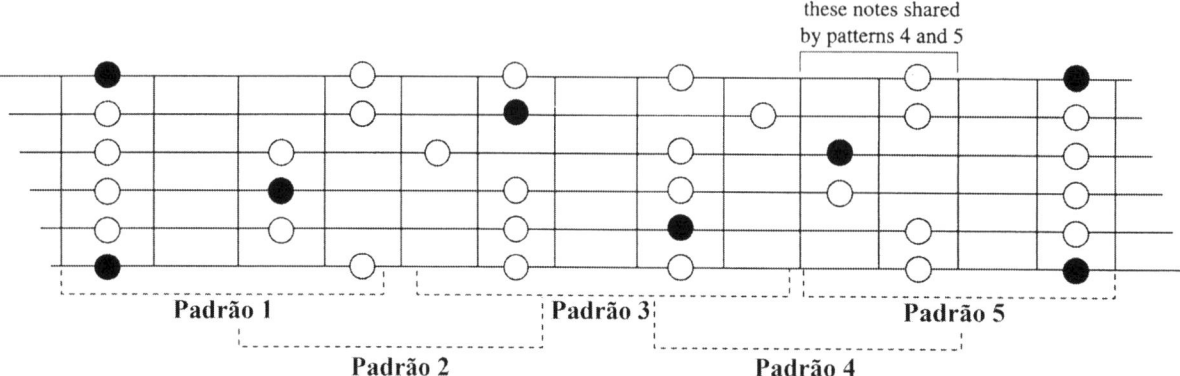

Dessa vez, você vai praticar os padrões de forma um pouco diferente. Como observado em lições anteriores, os padrões de fundamental em cada uma das escalas são muito importantes. Vamos enfatizá-los agora.

- Começando com a tonalidade em Mi Maior, Padrão 1 (usando cordas soltas), toque apenas as fundamentais da escala. Elas são apenas três, marcadas com círculos pretos no diagrama.

- Elas começam com a corda mais grave, a 6ª corda, solta. Depois vem a 4ª corda, 2º traste. E, finalmente, a 1ª corda solta.

- Depois de tocar as fundamentais, toque o Padrão 1 da mesma forma que você tem praticado.

- Depois passe para o Padrão 2, na mesma tonalidade, e toque as fundamentais nesse padrão (4ª corda, 2º traste, e 2ª corda, 5º traste).

- Depois toque a escala inteira.

- Faça o mesmo com o Padrão 3 (fundamentais: 5ª corda/7º traste e 2ª corda/5º traste).

- Toque o Padrão 4 (fundamentais: 5ª corda/7º traste e 3ª corda/9º traste).

- Finalmente, toque o Padrão 5 (fundamentais: 6ª corda/12º traste; 3ª corda/9º traste; e 1ª corda/12º traste).

Assim que concluir a tonalidade em Mi Maior, passe para a tonalidade em Fá e repita o procedimento. Faça isso também nas tonalidades em Fá sustenido/Sol bemol e Sol.

Observe as fundamentais compartilhadas por padrões adjacentes.

ACORDES E PROGRESSÕES

Acordes com ♯9

Nesta lição, você vai aprender uma alteração do acorde com nona: o acorde com nona aumentada (♯9). Ele é, geralmente, escrito e referido como um acorde "7♯9" (ou seja, E7♯9). Geralmente, o acorde com nona aumentada pode ser usado onde um acorde I^9, I^7, V^9 ou V^7 estiver indicado.

O acorde com nona aumentada tem som áspero e dissonante – uma "mordida" – e deve ser usado apenas quando esse som é desejado.

O acorde $I^{♯9}$ funciona bem com acordes IV^7 e V^7, substituindo o I^7 no conjunto 2 dos acordes I^7, IV^7 e V^7. Vejamos:

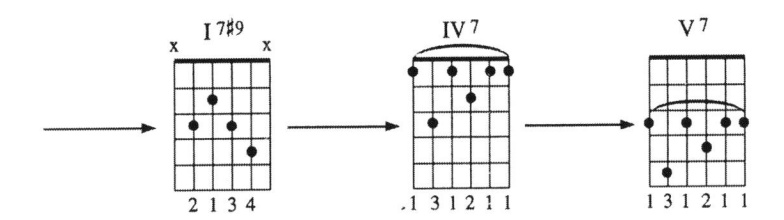

O acorde $V7^{♯9}$ funciona com os acordes I^9 e IV^9, que você aprendeu na Lição 7, da seguinte maneira:

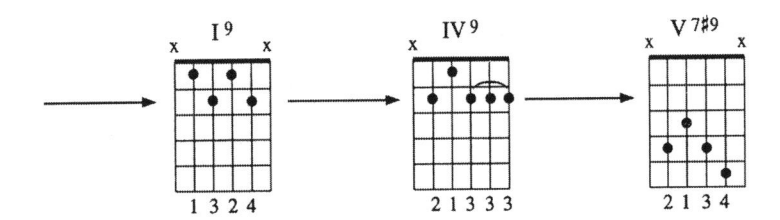

O acorde com nona aumentada funciona muito bem em blues-rock e outros rocks baseados em blues, ao contrário do acorde com nona maior. Ele era o favorito de Jimi Hendrix e também era bastante usado por Stevie Ray Vaughan.

Como exemplo do uso dos acordes $I7^{♯9}$, ouça "Come On, Part I", de Jimi Hendrix (Electric Ladyland) e "Testify", de Stevie Ray Vaughan (Texas Flood).

Como exemplo do uso dos acordes $V7^{♯9}$, ouça "Scuttle Buttin'" (Couldn't Stand the Weather) e "Texas Flood" (Texas Flood) de Stevie Ray Vaughan.

ESTUDO

Mudanças de posições

O estudo desta lição amplia ainda mais o uso do Padrão 2 junto com o Padrão 1 na linha principal da música. Ele usa muitos bends, como a maioria dos estudos restantes, por isso certifique-se de ter controle completo sobre eles.

Ele é escrito na tonalidade de Si Maior e usa a progressão de 12 compassos. Utiliza também o acorde $V^{7♯9}$ apresentado anteriormente neste capítulo. Você pode encontrá-lo no primeiro compasso da primeira casa e da segunda casa de repetição.

Este será o último estudo para iniciantes-intermediários. Os estudos restantes progridem do nível intermediário para o avançado-intermediário, por isso certifique-se do seu aprendizado antes de prosseguir. Se tiver dúvida com quaisquer desses estudos, volte agora e revise todos até se sentir seguro. E não se importe com o tempo. Se precisar, estude mais uma ou duas semanas.

BENDS, SLIDES AND SHIFTS 🔶11

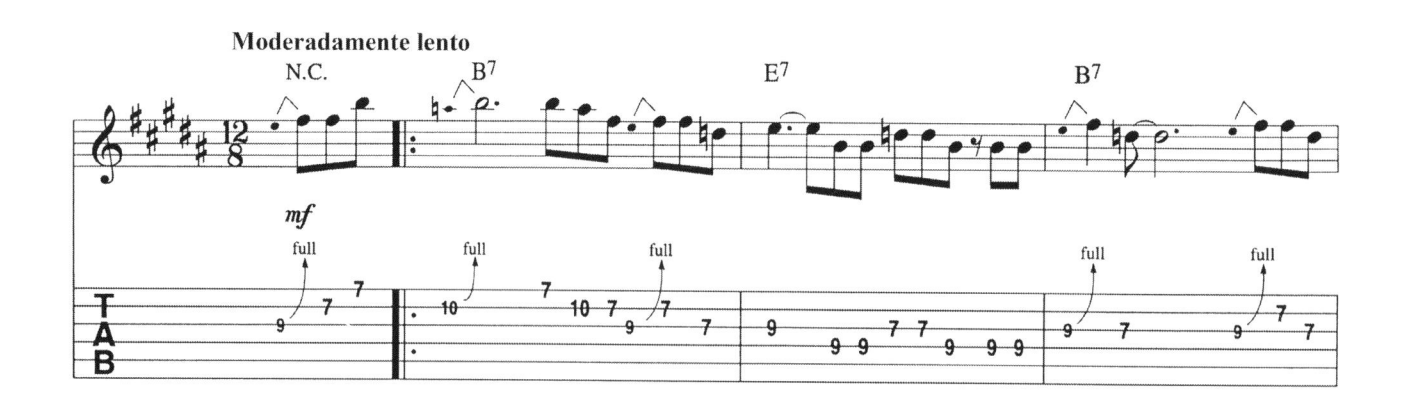

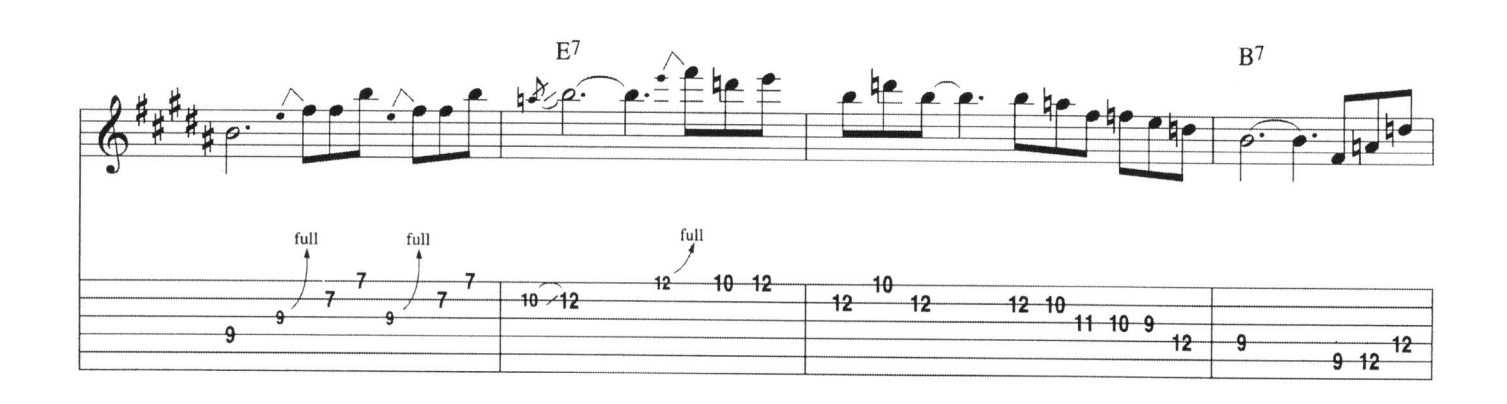

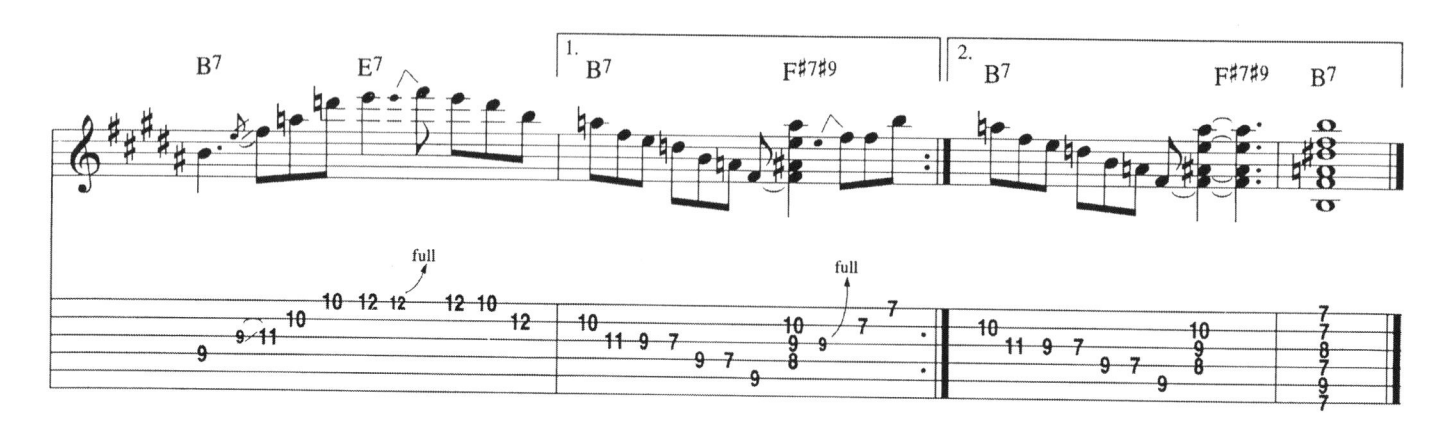

LIÇÃO 9

ESCALAS

Como tocar escalas por todo o braço do instrumento

Você, agora, precisa colocar todos os cinco padrões de escala pentatônica menor juntos. É chegado o momento de "preencher" todo o braço do instrumento em todas as tonalidades.

Primeiro, vamos examinar como as formas dos padrões de escala se repetem. Lembre-se de que o Padrão 5 se encaixa no Padrão 4, com as notas superiores do Padrão 5 sendo iguais às notas inferiores do Padrão 4. Examine as notas superiores do Padrão 5 e observe que a forma criada por elas, com a fundamental da escala na 6ª corda e na 1ª corda, é o mesmo estilo das notas inferiores do Padrão 1. Elas são, de fato, as mesmas notas. O Padrão 1 se encaixa no Padrão 5 iniciando, novamente, o círculo de padrões de escala até onde você pode chegar no braço do instrumento.

Por exemplo: toque, em Mi, todos os padrões que começam com o Padrão 1, usando cordas soltas, movendo até o Padrão 5 na 9ª posição (com todas as notas superiores no 12º traste). Depois, toque o Padrão 1 sobre ele, no 12º traste. Você pode subir até o Padrão 2 acima e o Padrão 3 acima, e assim por diante da seguinte maneira:

Escala pentatônica menor em Mi por todo o braço do instrumento

Da mesma maneira que o Padrão 1 se repete acima do Padrão 5 na tonalidade de Mi Maior, você também pode encontrar o Padrão 5 abaixo do Padrão 1 em algumas tonalidades. Na tonalidade em Lá Maior, por exemplo, o Padrão 1 é encontrado no 5º traste e é possível tocar o Padrão 5 abaixo dele, no 2º traste, compartilhando notas no 5º traste. Você também pode tocar o Padrão 4 abaixo do Padrão 5 na tonalidade em Lá, na posição aberta da seguinte maneira:

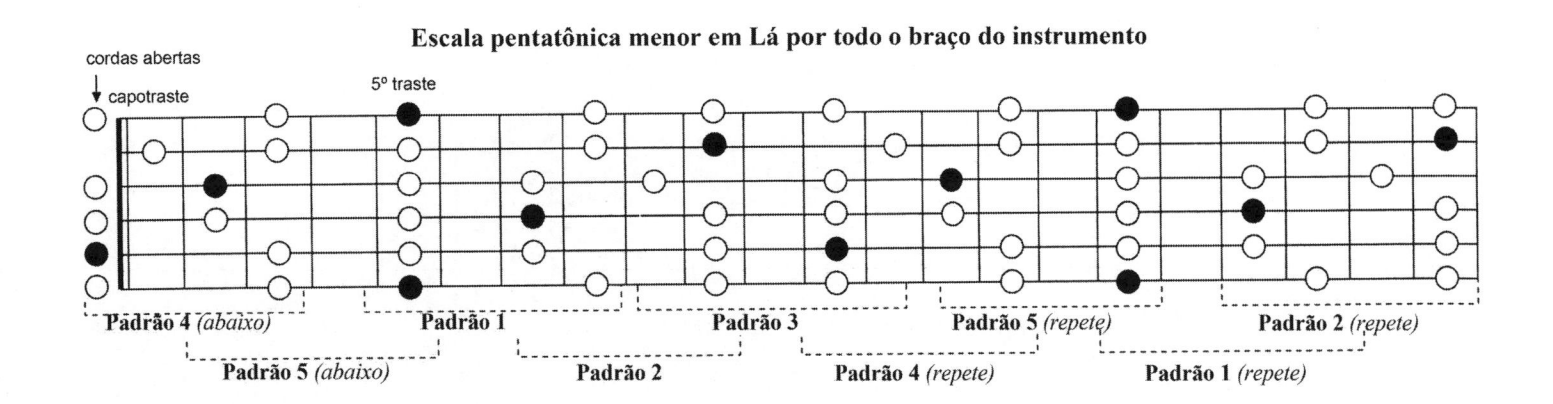

Escala pentatônica menor em Lá por todo o braço do instrumento

Você pode perceber que o Padrão 1 não é sempre a forma de escala mais grave disponível em uma dada tonalidade. De fato, ele é a forma mais grave somente nas tonalidades em Mi, Fá e Fá sustenido (ou Sol bemol). Depois disso (em Sol), podemos encaixar um Padrão 5 completo abaixo do Padrão 1.

A partir de agora, ao praticar as escalas, comece sempre com o padrão completo mais grave disponível no braço do instrumento. Vimos que na tonalidade em Mi Maior, o Padrão 1 era o mais grave; na tonalidade em Lá, o Padrão 4 era o mais grave.

Em algumas tonalidades, você pode tocar parte de um padrão abaixo do padrão completo mais grave. Na tonalidade em Si, por exemplo, você pode tocar as três cordas inferiores no Padrão 3, mas a nota mais grave da 3ª corda, Fá sustenido, ficará abaixo do capotraste, por isso não está disponível. Por enquanto, não se preocupe com os padrões inferiores parciais disponíveis. Sempre inicie com o padrão mais grave completo.

Pratique os padrões de escala nas seguintes tonalidades, a partir do padrão mais grave que será dado, até o padrão mais agudo que você alcançar. Obs.: a lista de tonalidades segue o círculo das quintas no sentido horário.

Tonalidade	Padrão mais baixo completo	Encontrado no traste
G	V	aberto
D	II	aberto
A	IV	aberto
E	I	aberto
B	IV	2º
F♯/G♭	I	2º

ACORDES E PROGRESSÕES

Mais acordes com 9ª

Examinemos adiante um conjunto de acordes com nona com o mesmo padrão de movimento de fundamental do conjunto 2 dos acordes I^7, IV^7 e V^7. As formas reais dos acordes são as mesmas daquelas no conjunto 1 dos acordes I^9, IV^9 e V^9 e estão organizadas diferentemente, igual ao conjunto 2 de I^7, IV^7 e V^7 da seguinte maneira:

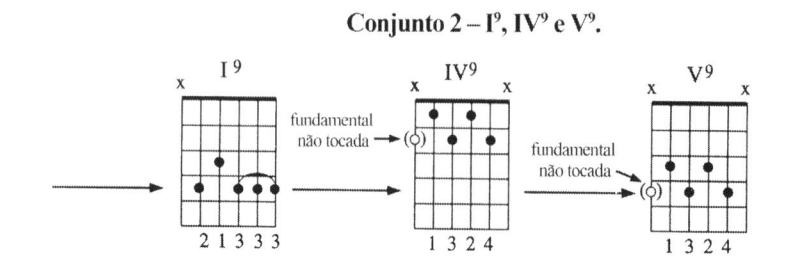

Conjunto 2 – I^9, IV^9 e V^9.

Novamente, o acorde I⁹ pode ser substituído pelo acorde I7♯⁹:

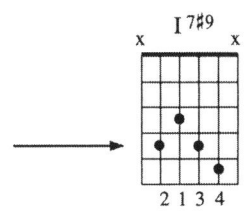

E o acorde V⁹ pode ser substituído pelo seguinte acorde V7♯⁹ (uma nova forma de acorde para você):

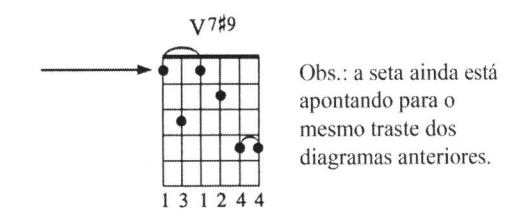

Obs.: a seta ainda está apontando para o mesmo traste dos diagramas anteriores.

ESTUDO

Semicolcheias "funkeadas"

O estudo desta lição tem um ritmo diferente do que foi apresentado anteriormente. Ele é muito mais "funkeado". Melodia e riffs são mais "secos", sem balanço ou ritmo tercinado. Isso é obtido através do uso de um "ritmo de semicolcheias". Cada tempo deve ser sentido como se fosse dividido em quatro partes iguais. Em um compasso de quatro tempos, a contagem é a seguinte:

1-2-3-4, **2**-2-3-4, **3**-2-3-4, **4**-2-3-4

ou

1-e-e-e, **2**-e-e-e, **3**-e-e-e, **4**-e-e-e

O resultado é um ritmo tipo "chic-a-chic-a, chic-a chic-a". Nem sempre tocamos uma nota para cada uma das quatro divisões do tempo, mas usamos, criando esse ritmo, muitas semicolcheias.

Ele é tocado sobre uma progressão de blues de 12 compassos na tonalidade de Si bemol.

Para um exemplo excelente de ritmo "funkeado", assim como de um grande trabalho de guitarra "seca", ouça o álbum Ice Pickin', de Albert Collins. Ele é um mestre que deve estar incluído em qualquer coleção de gravações de blues.

GETTING FUNKY

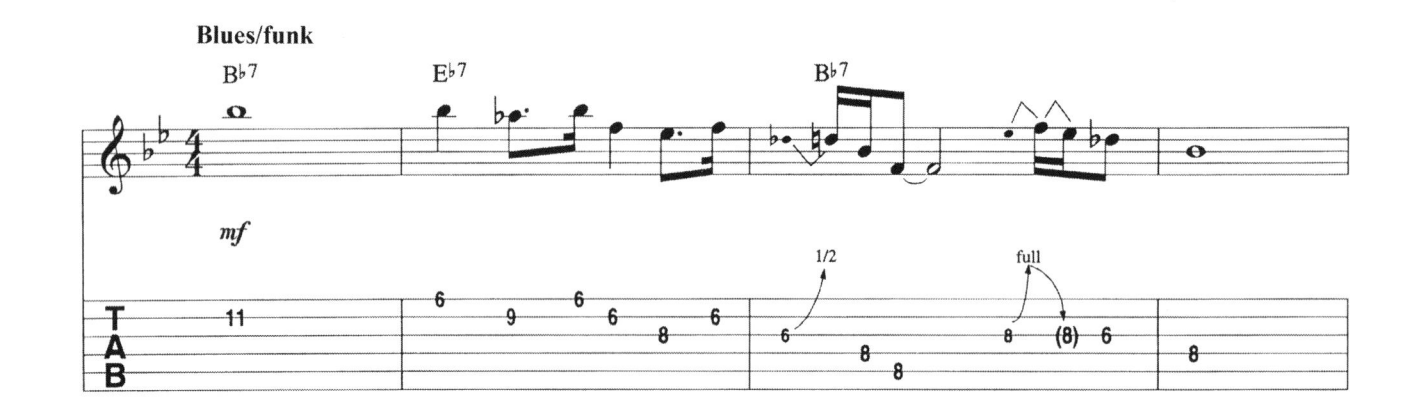

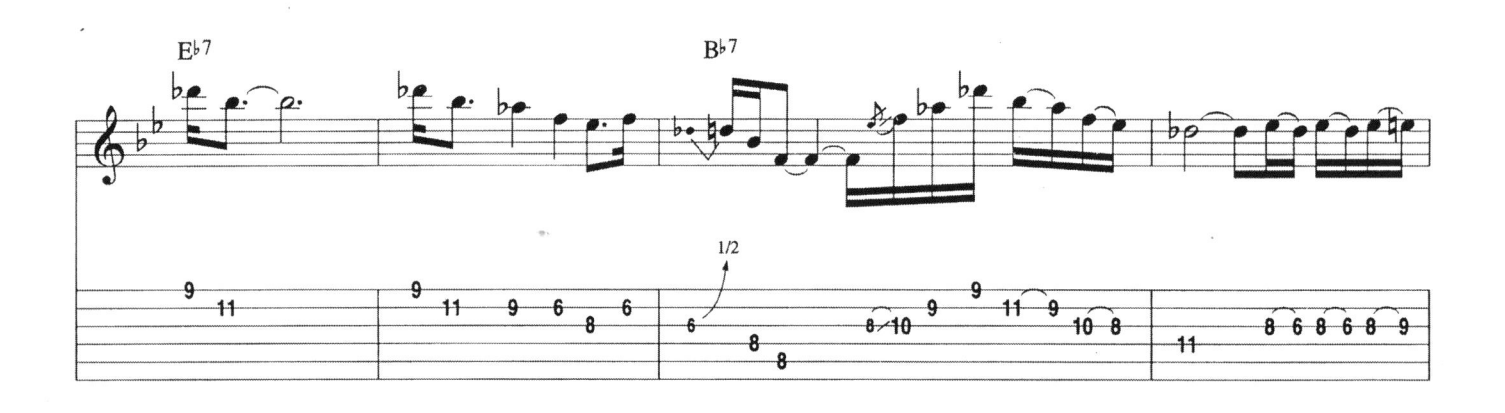

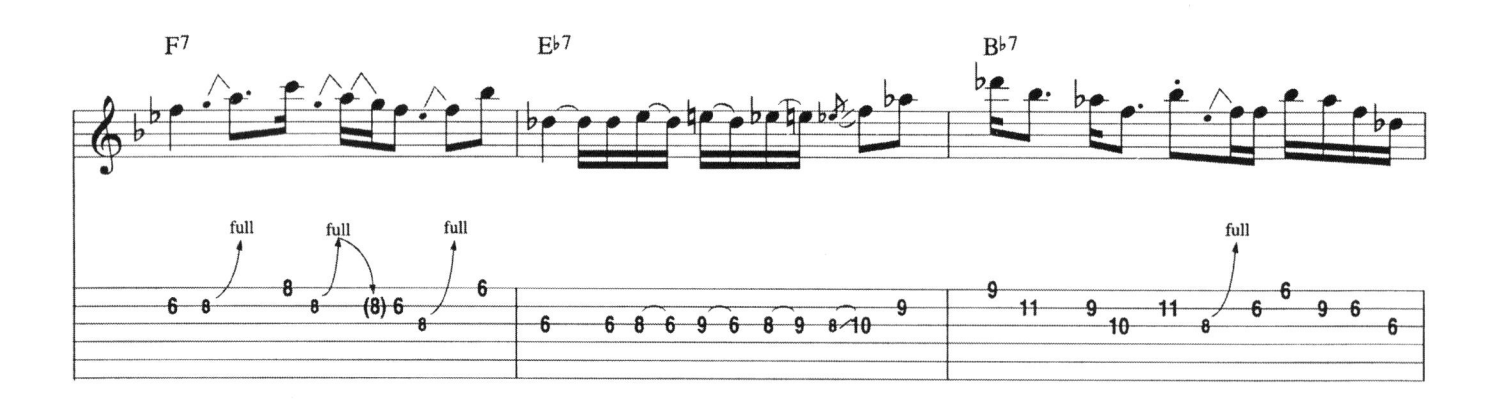

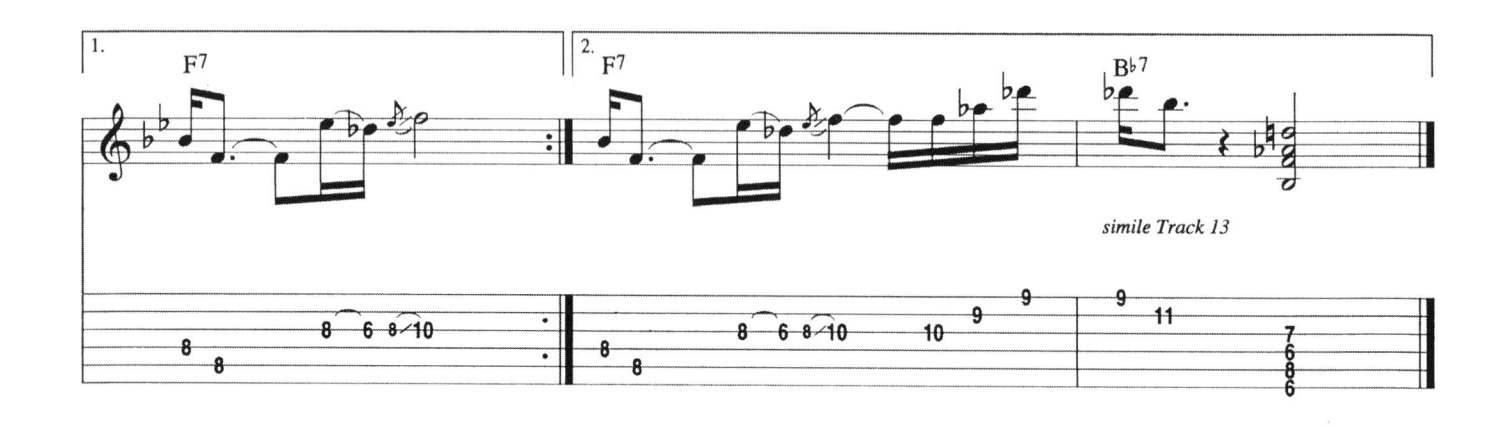

LIÇÃO 10

ESCALAS

Mais escalas por todo o braço e palhetadas alternadas

Na Lição 9, você começou a praticar as escalas por tonalidade, a partir do padrão completo mais grave disponível e depois subiu por toda a extensão do braço do instrumento até o ponto possível. Vamos continuar com esse método de prática de escalas, cobrindo as seis tonalidades restantes, que são as seguintes:

Tonalidade	Padrão mais baixo completo	Encontrado no traste
C♯	III	2
G♯/A♭	V	1
E♭	II	1
B♭	IV	1
F	I	1
C	III	1

Nesta lição, passaremos rapidamente por todas as tonalidades. Em virtude disso, o estudo poderá parecer confuso e difícil. Se esse for o caso, sugerimos mais uma ou duas semanas de estudo antes de passar para a lição seguinte.

É momento de introduzir um novo elemento na sua prática de escala: a palhetada alternada.

> A palhetada alternada é a técnica de alternar entre palhetadas para cima e para baixo. Isto é, se você começar com uma palhetada para baixo (1ª nota), a próxima nota deverá ser tocada com uma palhetada para cima, a seguinte para baixo, depois para cima, e assim sucessivamente no mesmo padrão.

Este método de palhetada permite desenvolver um estilo mais suave e rápido de tocar. Se ainda não estiver usando a palhetada alternada, comece agora, mantendo-a rigorosamente até se sentir confortável. Adiante um exercício para ajudar a começar:

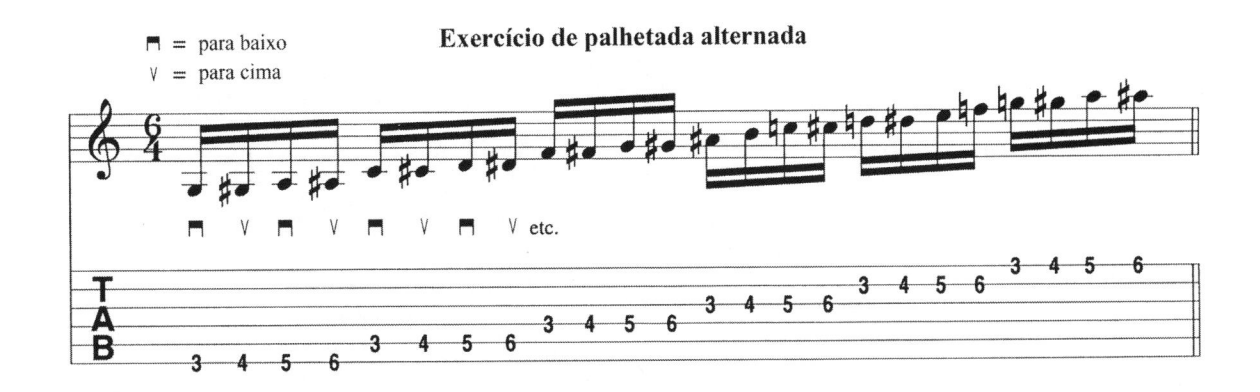

Exercício de palhetada alternada

⊓ = para baixo
V = para cima

O padrão é assim:

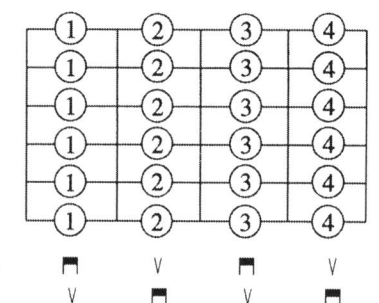

Primeiro, inicie com uma palhetada para baixo:
Depois, tente uma para cima:

O exercício de palhetada alternada pode ser tocado em qualquer posição do braço do instrumento. Certifique-se de tocar as notas uniformemente, sem nenhuma palhetada mais forte ou mais fraca. O problema mais comum com a palhetada alternada é a palhetada para baixo soar mais forte do que a para cima. Se uma palhetada for consistentemente mais forte do que a outra, fortaleça a mais fraca acentuando-a. Toque-a mais alto de propósito.

ACORDES E PROGRESSÕES

Revisão dos acordes com 7ª e 9ª

Agora, você deve estar razoavelmente à vontade com os acordes com 9ª. Você também deve estar em dia com seus acordes com 7ª. Nesta lição, vamos revisar todos os conjuntos de acordes que você aprendeu e ver como reuni-los em uma progressão de blues de 12 compassos.

A seguir, uma revisão de todos os acordes aprendidos até aqui, em conjuntos, com o mesmo padrão de movimento da fundamental:

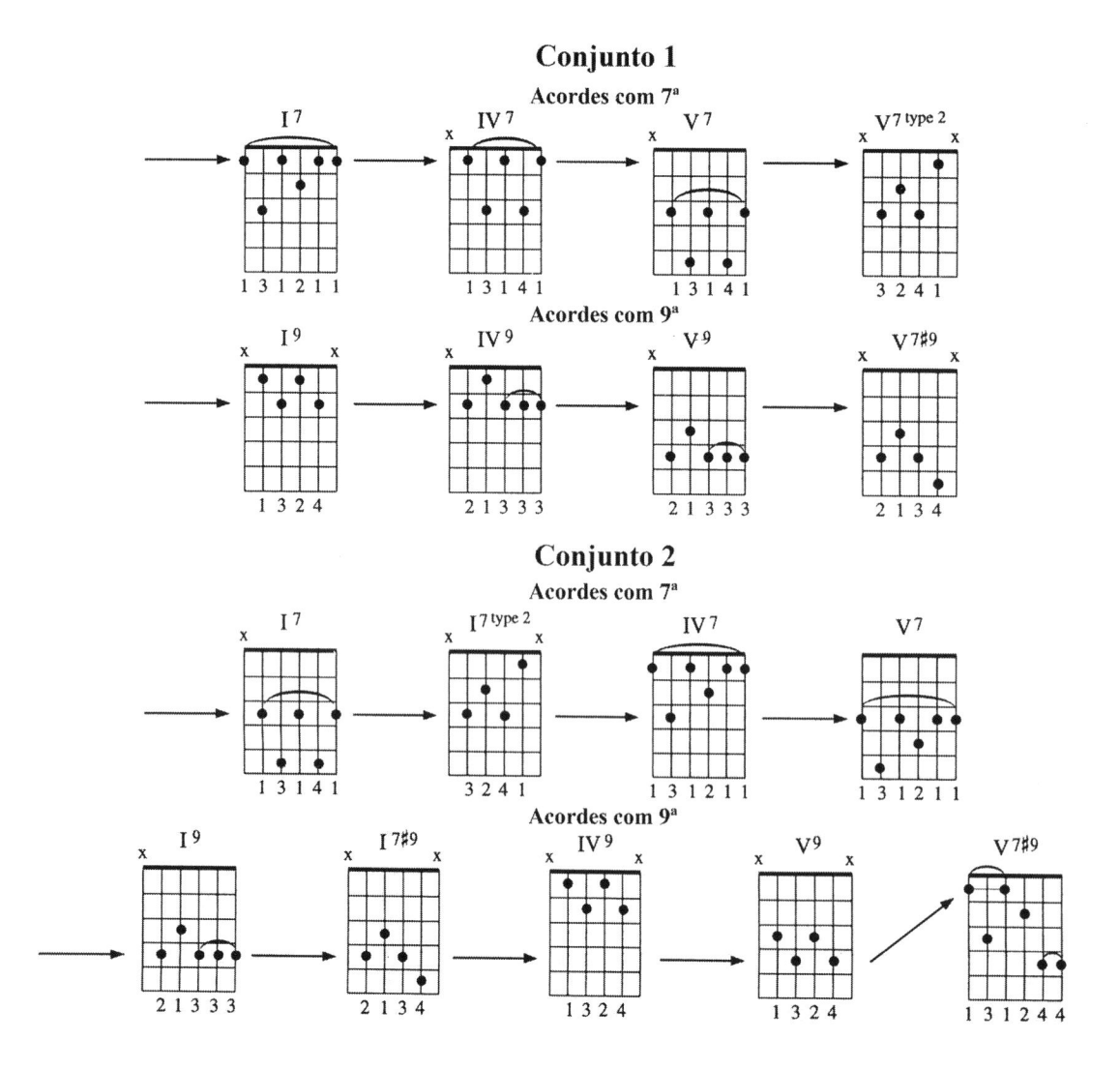

Conjunto 1

Conjunto 2

Nos exercícios a seguir, o símbolo do acorde é seguido pelo número do conjunto do qual ele provém [(1) ou (2)]. A posição em que ele se encontra no braço do instrumento é marcada embaixo, dentro de um círculo (ou seja, a 3ª posição é marcada como ③). No caso de acordes, a posição se refere ao traste mais baixo que contém a nota do acorde.

No primeiro exercício, toque três vezes sobre a progressão de blues de 12 compassos. Na primeira vez, use apenas acordes do conjunto 1. Na segunda vez, use somente acordes do conjunto 2. Na terceira, use acordes dos dois conjuntos. Observe que, eventualmente, uma forma alternativa (tipo 2) estará indicada.

Exercícios de acorde 1 – acordes com 7ª – tonalidade em Sol

Conjunto 1

4/4	$I^7(1)$ ③	$IV^7(1)$ ③	$I^7(1)$ ③	$I^7(1)$ ③
	$IV^7(1)$ ③	$IV^7(1)$ ③	$I^7(1)$ ③	$I^7(1)$ ③
	$V^7(1)$ ⑤	$IV^7(1)$ ③	$I^7(1)$ ③	V^7 (1-type 2) ③

Conjunto 2

4/4	$I^7(2)$ ⑩	$IV^7(2)$ ⑧	I^7(2-type 2) ⑧	$I^7(2)$ ⑩
	$IV^7(2)$ ⑧	$IV^7(2)$ ⑧	I^7(2-type 2) ⑧	$I^7(2)$ ⑩
	$V^7(2)$ ⑩	$IV^7(2)$ ⑧	$I^7(2)$ ⑩	$V^7(2)$ ⑩

Combo:

4/4	$I^7(1)$ ③	$IV^7(2)$ ⑧	I^7(2-type 2) ⑧	$I^7(1)$ ③
	$IV^7(1)$ ③	$IV^7(2)$ ⑧	I^7(2-type 2) ⑧	$I^7(2)$ ⑩
	$V^7(2)$ ⑩	$IV^7(2)$ ⑧	I^7(2-type 2) ⑧	$V^7(1)$ ⑤

O exercício 2 funciona do mesmo jeito que o exercício 1. A única diferença são os acordes com 9ª. Mantenha-se apenas com os acordes com 9ª Maior. Não utilize nenhuma 9ª aumentada.

Exercícios de acorde 2 – acordes com 9ª – tonalidade em Sol

Conjunto 1

$\frac{4}{4}$	I^9(1) ②	IV^9(1) ②	I^9(1) ②	I^9(1) ②	IV^9(1) ②	IV^9(1) ②
	I^9(1) ②	I^9(1) ②	V^9(1) ④	IV^9(1) ②	I^9(1) ②	V^9(1) ④ ‖

Conjunto 2

$\frac{4}{4}$	I^9(2) ⑨	IV^9(2) ⑦	I^9(2) ⑨	I^9(2) ⑨	IV^9(2) ⑦	IV^9(2) ⑦
	I^9(2) ⑨	I^9(2) ⑨	V^9(2) ⑨	IV^9(2) ⑦	I^9(2) ⑨	V^9(2) ⑨ ‖

Combo:

$\frac{4}{4}$	I^9(1) ②	IV^9(2) ⑦	I^9(2) ⑨	I^9(1) ②	IV^9(1) ②	IV^9(2) ⑦
	I^9(1) ②	I^9(2) ⑨	V^9(2) ⑨	IV^9(2) ⑦	I^9(1) ②	V^9(1) ④ ‖

Como um terceiro exercício, substitua todos os acordes V^9 no exercício acima por acordes V$^{\#9}$.

Quando se sentir confiante com os exercícios, tente transpor para as tonalidades maiores de Lá, Fá, Dó e Ré.

Transpor significa mudar uma música ou progressão de acordes para outra tonalidade. Melodias, riffs e mudanças de acorde permanecem os mesmos, mas sobem ou descem para notas diferentes.

Este exercício pode ser bastante trabalhoso. Por isso não tenha pressa em prosseguir para a próxima lição. Dessa forma, você terá mais tempo para trabalhar as escalas.

ESTUDO

Como usar o Padrão 4 em um solo

O estudo 10 foi escrito em Mi bemol Maior usando a progressão de blues de 12 compassos. Aparentemente trata-se de uma tonalidade incomum, mas se você tocar com um saxofonista ou um trompetista, ficará feliz em estar habituado com ela, pois os músicos que tocam metais adoram as tonalidades com bemóis – especialmente Mi bemol Maior e Si bemol Maior.

Este estudo foi escrito no Padrão 4 da escala pentatônica menor (6ª posição). Observe que o Padrão 4 é similar ao Padrão 1. Observe ainda que você pode tocar muitos riffs iguais em ambas as formas.

O slide indicado no compasso 1 (batida 7) é executado tocando a nota dada e deslizando pela corda alguns trastes antes de abafar a corda. O número de trastes deslizados não precisa ser preciso.

LAZY DAY BLUES

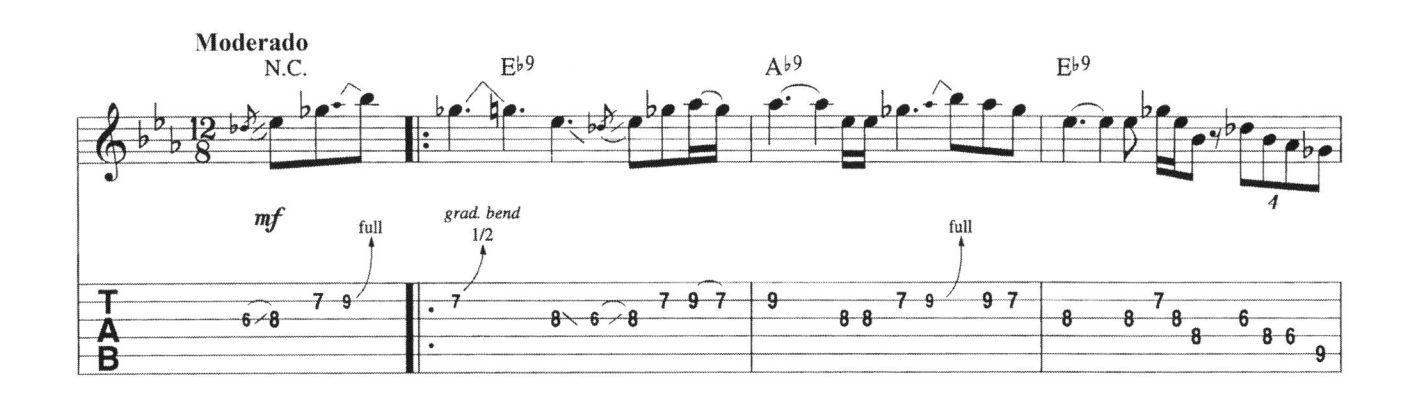

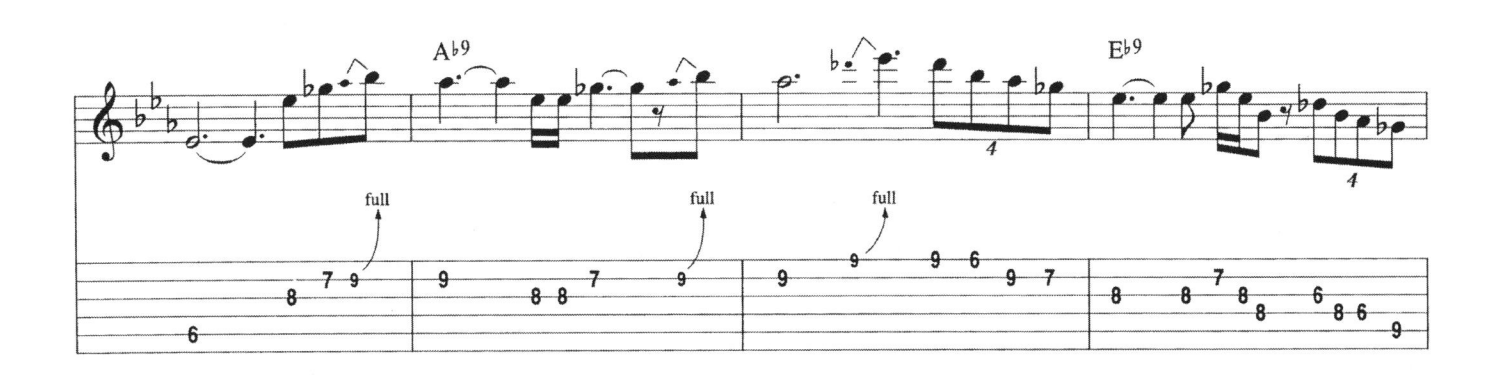

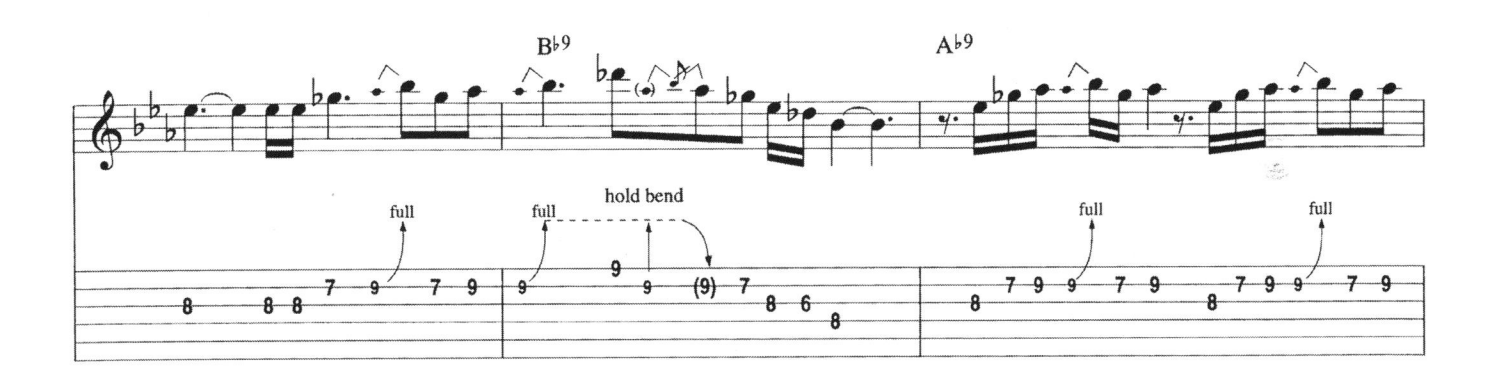

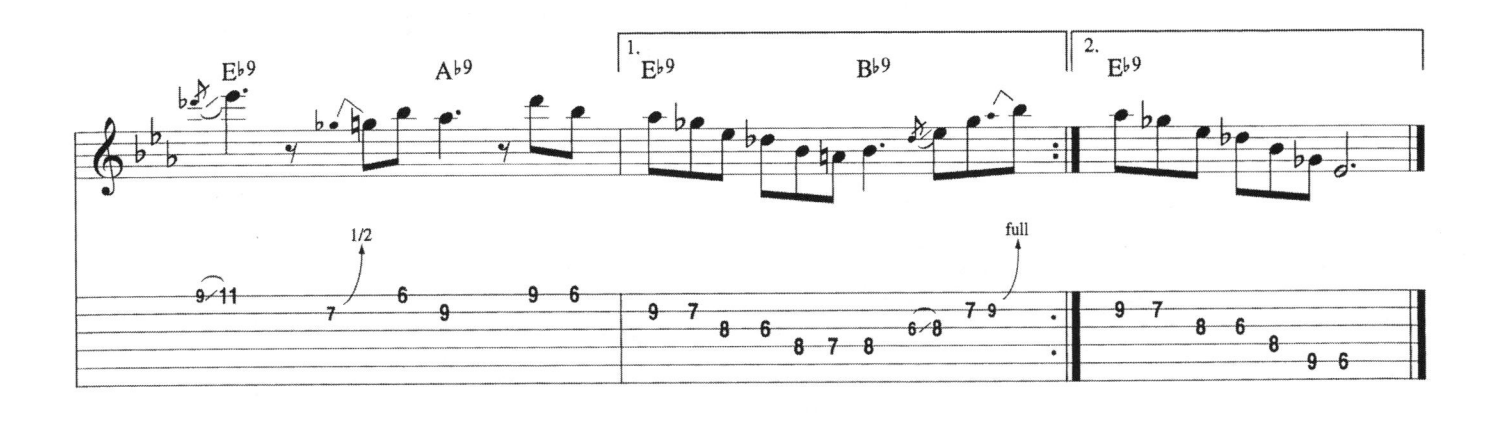

LIÇÃO 11

ESCALAS

Teoria de escalas, acréscimo da nota ♯4/♭5

Nesta lição, vamos examinar brevemente um pouco da teoria das escalas. Depois, vamos acrescentar algumas notas às escalas menores pentatônicas que vão adicionar alguma "cor" à sua música. Como você já deve ter percebido, os estudos de blues neste livro possuem algumas notas extras.

Primeiro, vamos examinar a escala menor natural, que tem sete notas, incluindo todas as cinco notas da escala pentatônica menor. Começando pela primeira nota, a fundamental, podemos numerar as notas de 1 a 7 da seguinte maneira (na tonalidade em Dó menor, Padrão 1):

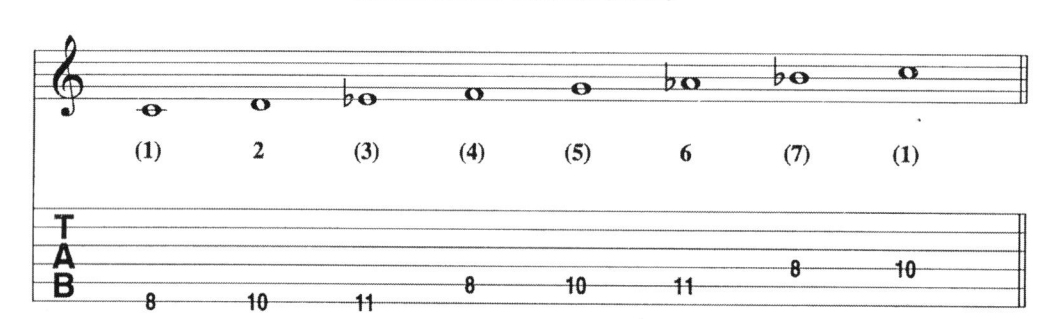

Escala menor natural em Dó

As notas da escala pentatônica menor em Dó estão entre parênteses. Você pode perceber que a escala pentatônica é composta pelas notas 1, 3, 4, 5 e 7 da escala menor natural. Quando discutimos as diferentes notas da escala, usamos esses números. Isso pode parecer confuso à primeira vista, mas você se acostuma.

Usando o sistema de numeração descrito, podemos atribuir um número a qualquer nota que adicionamos à escala pentatônica menor. Podemos dizer que aumentamos uma nota da escala em meio tom (acrescentando sustenido); ou diminuímos a nota em meio tom (acrescentando bemol).

Esse sistema de numeração não é nenhum pouco essencial para tocar, mas é extremamente útil na discussão das escalas utilizadas em música.

Agora, observe algumas "notas acrescentadas".

Notas que temos adicionado sempre são ♯4 ou ♭5, ou a "blue note" (elas são a mesma nota). Localizam-se entre o 4º e 5º "graus" (nota) da escala. Quando são acrescentadas na escala pentatônica menor, chamamos a escala combinada de escala blues. O Padrão 1 tem a seguinte aparência (a blue note é representada por um círculo com um ponto no seu interior):

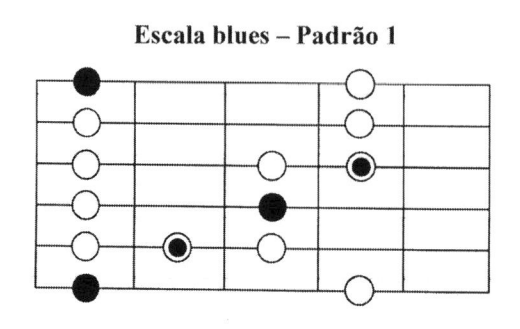

Escala blues – Padrão 1

Em geral, essa blue note deveria ser chamada de ♯4 quando sobe em direção ao 5º grau da escala; ou de ♭5 quando desce em direção ao 4º grau da escala. Isso porque, na teoria musical, você raramente move de uma nota alterada (♯ ou ♭) para uma nota natural (♮) de mesmo nome.

Por exemplo: em uma tonalidade em Dó, dizemos Fá sustenido para Sol (♯4 para 5), não Sol bemol para Sol (♭5 para 5), mesmo que Fá sustenido e Sol bemol sejam a mesma nota na guitarra; ou, em uma tonalidade em Lá, dizemos Mi bemol para Ré (♭5 para 4), e não Ré sustenido para Ré (♯4 para 4).

Agora, vejamos onde a "blue note" (♯4/♭5) está localizada em outros padrões de escala de blues.

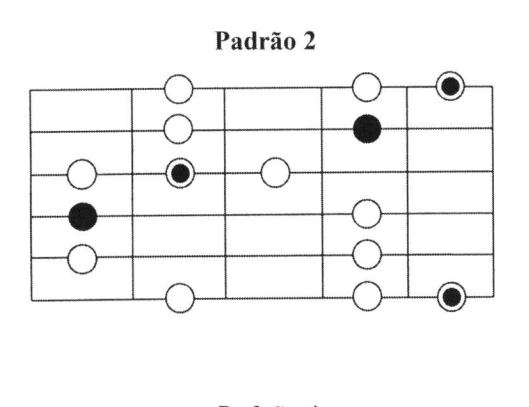

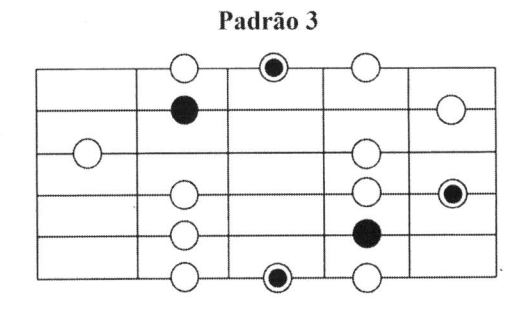

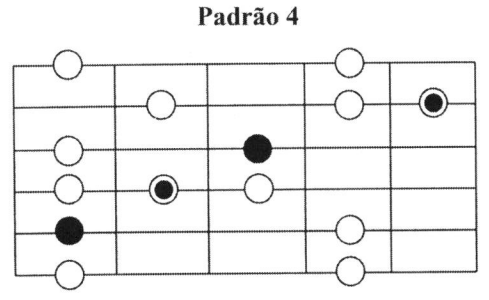

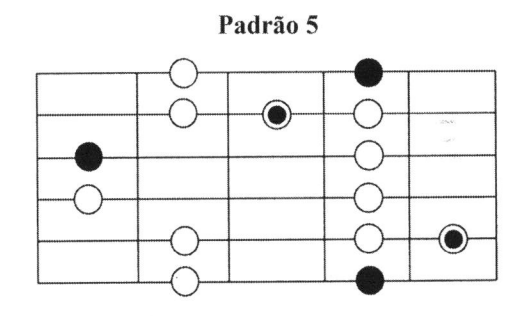

Padrão 2

Padrão 3

Padrão 4

Padrão 5

Observe que, em alguns casos, você pode estender a posição e tocar a mesma nota ♯4/♭5 em duas cordas diferentes. Por exemplo: é possível tocar, no Padrão 2, a nota mais baixa tanto na 6ª corda com o 4º dedo, quanto esticar para baixo e tocá-la na 5ª corda com o 1º dedo.

Os outros lugares onde há uma opção para tocar a nota #4/b5 são:

- Padrão 4 – 2ª corda/4º dedo – ou – 1ª corda/1º dedo
- Padrão 5 – 5ª corda/4º dedo – ou – 4ª corda/1º dedo

Em geral, é melhor se esticar para cima quando estiver subindo a escala, e se esticar para baixo quando estiver descendo.

Outra nota acrescentada muito usada é a terça natural (♮3). Observe a anacruse de "Swinging the Blues", na Lição 4. As duas primeiras notas são Dó e Dó sustenido: ♭3 e ♮3 na tonalidade em Lá Maior. O ♮3 faz parte do acorde I. Toque um A7 no 5º traste e observe a 3ª corda. Como ♮3 é uma nota do acorde I, ela pode ser usada quando o acorde I for tocado. Vamos examinar outras notas acrescentadas em lições posteriores.

49

ACORDES E PROGRESSÕES

Turnarounds

Nesta lição, o foco será em turnarounds alternativos. Lembre-se de que os dois últimos compassos na progressão de blues de 12 compassos são chamados de turnaround. A função do turnaround é passar do acorde I para o acorde V, ou seja, voltar para o início da música e repeti-la, ou ir para o acorde I final e terminar a música.

Toque um I^7, IV^7, V^7 e segure o acorde V^7. Ele parece "resolvido" para você? Agora, toque um acorde I^7 e veja se ele, finalmente, parece "repousar". Você, provavelmente, vai concordar afirmativamente.

É assim que funciona o turnaround: ao tocar o acorde V^7 final, você precisa ir para algum lugar – seja o início ou para um acorde I^7 para finalizar.

Aqui estão algumas alterações e substituições para o turnaround. A tabela inclui alguns numerais romanos minúsculos usados para símbolos de acorde. Eles representam acordes menores que serão revistos mais adiante.

Experimente tocar os turnarounds nos dois últimos compassos da progressão de blues de 12 compassos. Faça isso em várias tonalidades. Lembre-se de que todas as setas apontam para o mesmo traste.

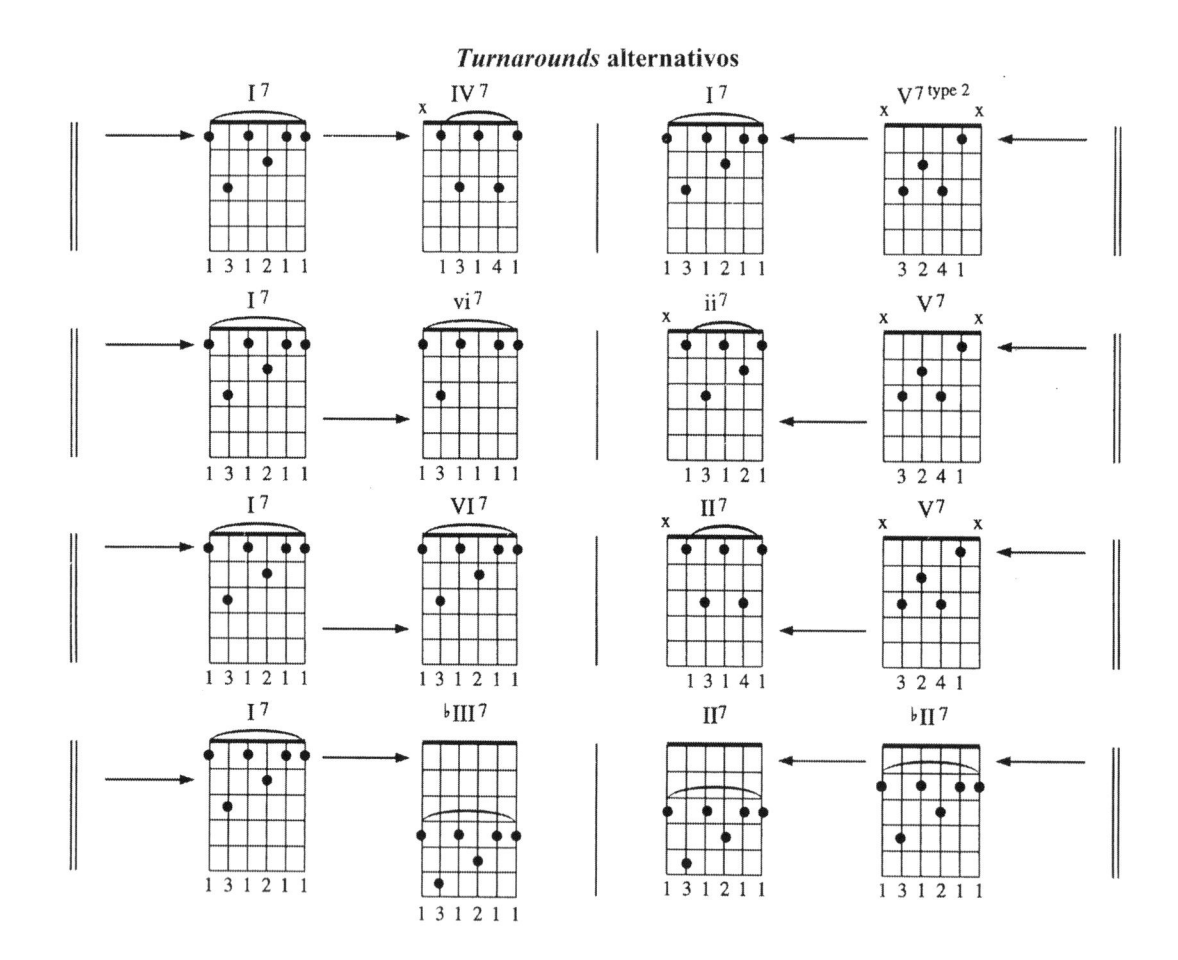

Turnarounds alternativos

ESTUDO

Estilo de melodia de acordes

"Ninth Chord Blues", o estudo desta lição, ilustra o uso de acordes com nonas em um solo de blues. Observe o uso de notas que não estão na escala pentatônica menor. Além disso, observe o slide de um traste, para cima e para baixo, dos acordes de I^9, IV^9, V^9. O estudo está escrito na tonalidade em Lá Maior em uma progressão de 12 compassos.

Excelente exemplo do uso de acordes com nona: T-Bone Blues, de T-Bone Walker.

NINTH CHORD BLUES

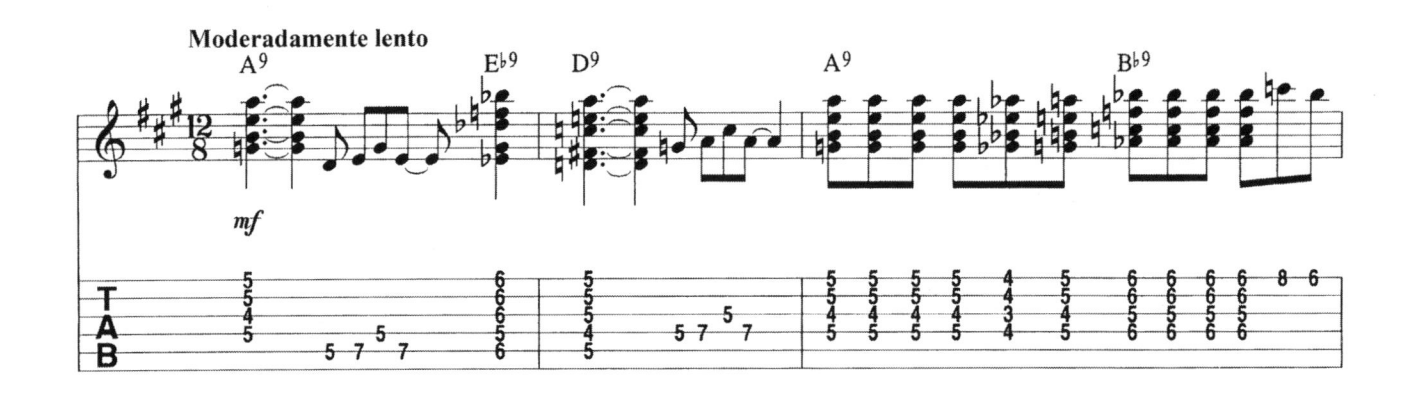

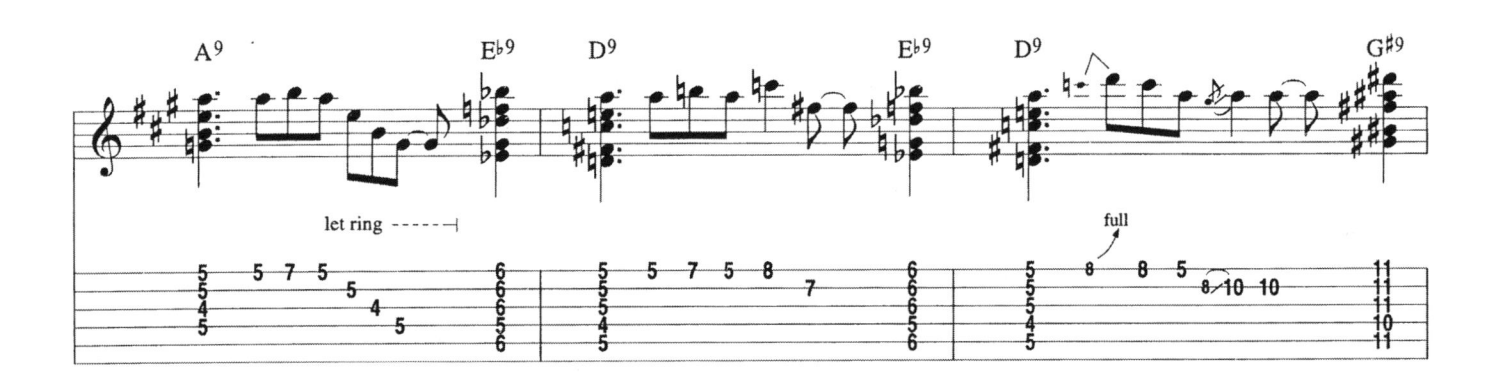

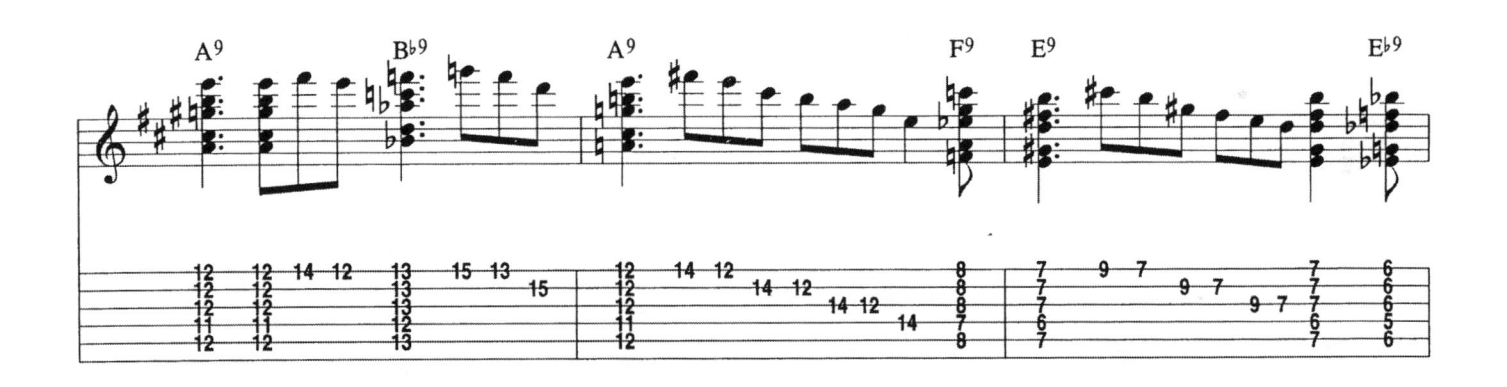

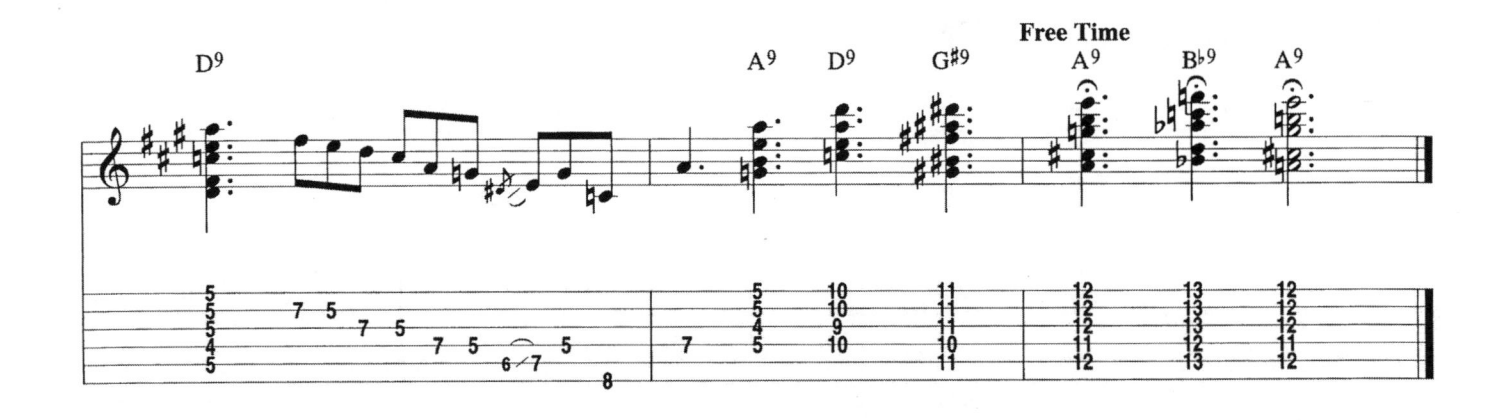

LIÇÃO 12

ESCALAS

Mais teoria de escalas; apresentando a escala pentatônica maior

Neste momento, você deve estar bastante à vontade com todos os padrões de escalas pentatônicas menores na maioria das tonalidades. Se ainda existir alguma dificuldade com o material das lições 10 e 11, você deve voltar e revisar. Nesta lição, vamos passar para outro tipo de escala pentatônica: a pentatônica maior.

A escala pentatônica maior é, mais uma vez, uma escala de cinco notas, mas como o nome descreve, ela tem uma sonoridade "maior". Ela é derivada da escala maior diatônica (a escala Dó-Ré-Mi-Fá-Sol-Lá-Si-Dó), assim como a escala pentatônica menor é derivada da escala menor natural. Aqui está a escala maior na tonalidade em Dó Maior:

Escala de Dó Maior

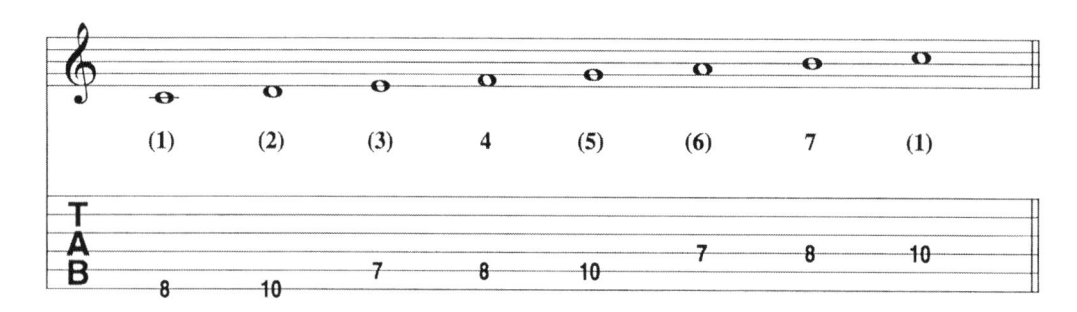

Assim como na escala menor natural, as notas usadas na escala pentatônica maior são indicadas entre parênteses. Observe o uso das notas da escala 1, 2, 3, 5 e 6. Não queime seu cérebro se isso não estiver bem claro. O importante é entender claramente o seguinte.

Há cinco padrões da escala pentatônica maior, assim como há cinco padrões da escala pentatônica menor. O modelo de fundamental de cada um dos padrões, que vamos chamar de Padrões 1 a 5, são exatamente os mesmos padrões de fundamental das escalas pentatônicas menores. Apenas a escala em torno das fundamentais é construída de forma um pouco diferente para fornecer sonoridade maior. Compare o Padrão 1 da escala pentatônica maior com o Padrão 1 da menor.

Padrão 1 – Pentatônica maior   **Padrão 1 – Pentatônica menor**

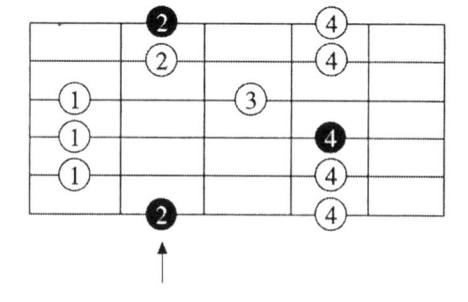

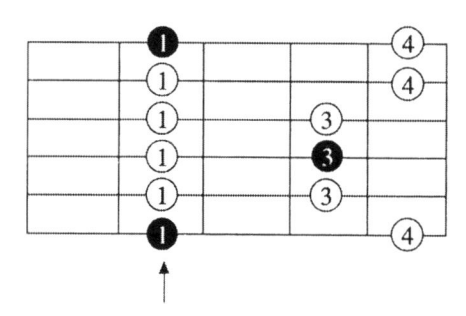

As setas nos diagramas apontam o mesmo traste na mesma tonalidade. Por exemplo: numa tonalidade em Lá, a seta aponta o 5° traste em ambos os diagramas.

Ambos os padrões de escala são construídos em torno do mesmo padrão de fundamental (em Lá, 6ª corda/5° traste; 4ª corda/7° traste; 1ª corda/5° traste). A única diferença é que as notas em torno das fundamentais são alteradas para tornar a escala maior.

Observe também que o 5° grau da escala é o mesmo em ambas as escalas.

Provavelmente, você tenha notado que o Padrão 1 da escala pentatônica maior é idêntico ao Padrão 2 da pentatônica menor. Temos apenas notas diferentes como fundamentais. Em vez de chamar a nota inferior da 4ª corda e a nota superior na 2ª corda de fundamental, nós chamamos a nota inferior na 6ª corda, a nota superior na 4ª corda e a nota inferior na 1ª corda de fundamentais, como descrito acima na tonalidade em Lá.

Alterando as fundamentais e tocando a escala contra a nova tonalidade (a nova fundamental), obtemos uma sonoridade completamente nova. Experimente isso:

- Toque um acorde de F#^{7}

- Depois toque o Padrão 2 da escala pentatônica menor de Fá sustenido. Pense no Fá sustenido (nota inferior, 4ª corda) como a fundamental.

- Agora toque um acorde em A^7.

- Depois, toque o Padrão 1 da escala pentatônica maior em Lá (mesmas notas do Padrão 2 da escala pentatônica menor em Fá sustenido) pensando em Lá como a fundamental (nota inferior, 6ª corda). Você perceberá uma grande diferença.

Os diagramas a seguir mostram todos os cinco padrões da escala pentatônica maior. Eles se encaixam da mesma maneira que os padrões da menor: 2 sobre 1, 3 sobre 2 etc. Você verá que os padrões são os mesmos que os padrões menores, mas com novas fundamentais. A digitação também permanece a mesma para cada padrão.

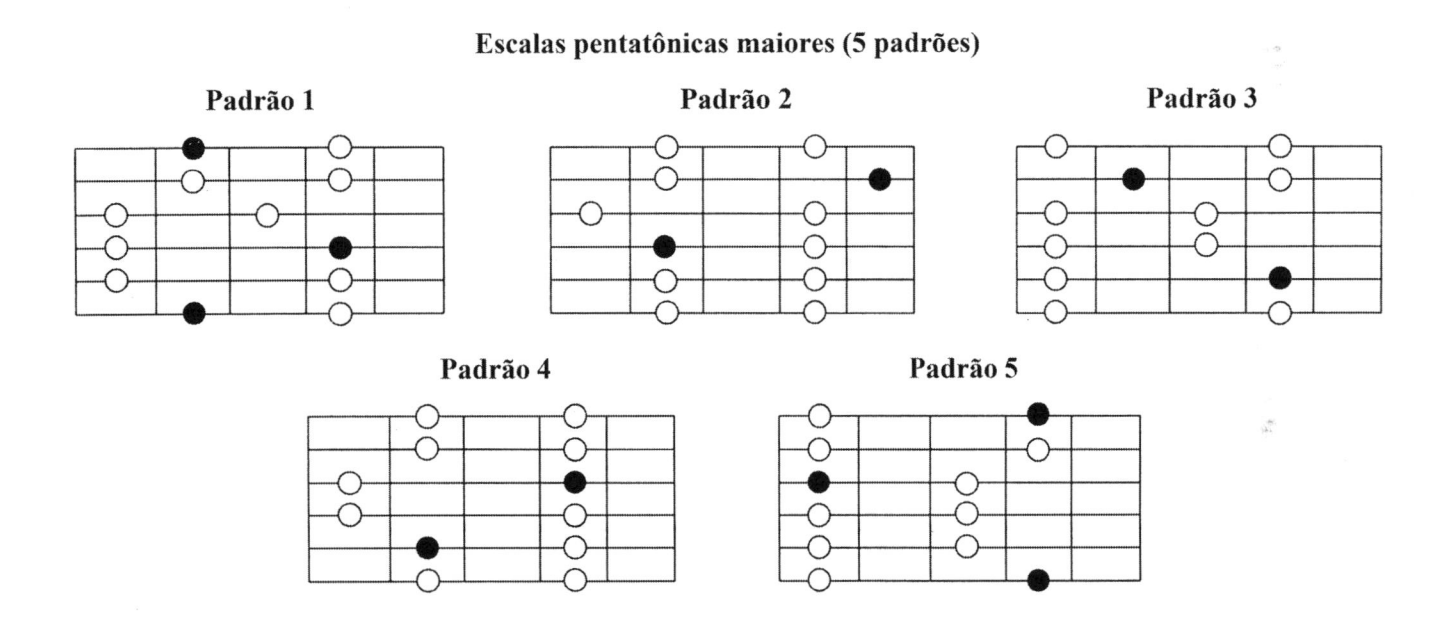

Escalas pentatônicas maiores (5 padrões)

Padrão 1 **Padrão 2** **Padrão 3**

Padrão 4 **Padrão 5**

Pratique as escalas pentatônicas maiores em todas as tonalidades, em todo o braço do instrumento, da mesma maneira que você fez com as escalas menores. Você verá que o padrão completo mais grave disponível em algumas tonalidades mudará com a pentatônica maior.

Por exemplo: em uma tonalidade em Mi, você pode tocar o Padrão 1 completo da menor, usando cordas soltas. Ao mudar para a maior, você não terá todas as notas do Padrão 1 disponíveis, então deverá começar com o Padrão 2. Em uma tonalidade em Fá, por outro lado, você pode começar com o Padrão 1 tanto da maior, quanto da menor.

Seus dedos já conhecem os padrões das notas. Portanto, o necessário é aprender os novos padrões de fundamental neles.

ACORDES E PROGRESSÕES

Progressões de blues em tonalidade menor

Vamos voltar nossa atenção agora às progressões de blues em tonalidade menor. Usando acordes menores, a progressão de blues é muito expressiva. Ela fornece uma sensação sentimental ou até mesmo triste.

Nesta lição, vamos examinar uma progressão padrão de blues de 12 compassos I^7, IV^7, V^7, transformada em menor. Dois conjuntos de acordes menores são fornecidos, correspondendo aos dois conjuntos de acordes I^7, IV^7, V^7 que você já conhece.

Neste livro, a notação usada para acordes menores está em algarismos romanos com letras minúsculas, em vez das letras maiúsculas usadas nos acordes com sétima e nona (i, iv, v = menor; I, IV, V = maior).

Aqui estão o Conjunto 1 e o Conjunto 2 dos acordes menores com sétima usados no blues menor, junto com o V^7 e $V7^{\sharp 9}$ usados com eles:

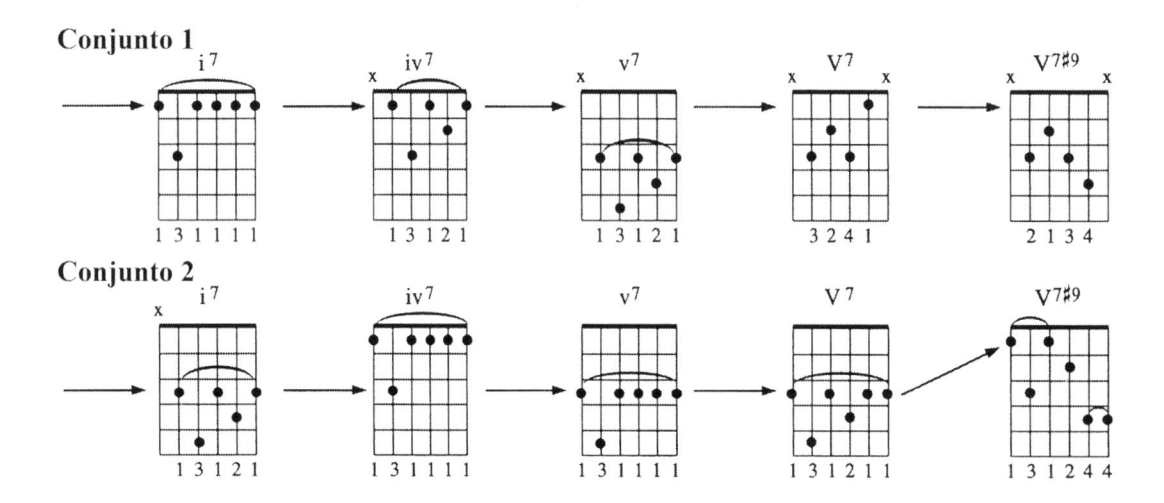

Observe que os padrões de movimento de fundamental do Conjunto 1 de acordes menores com sétima são idênticos aos do Conjunto 1 dos acordes maiores com sétima. O mesmo se aplica ao Conjunto 2 dos acordes menores com sétima e maiores com sétima.

Observe também que em ambos os conjuntos há um acorde V^7 e $V7^{\sharp 9}$. Vamos usar um deles como o acorde V final do turnaround. Ao usar um acorde com nona, ele precisa ser alterado ($7^{\sharp 9}$ no momento), pois um acorde de nona maior estará em conflito com a sonoridade menor da progressão.

A progressão a seguir é um blues menor de 12 compassos.

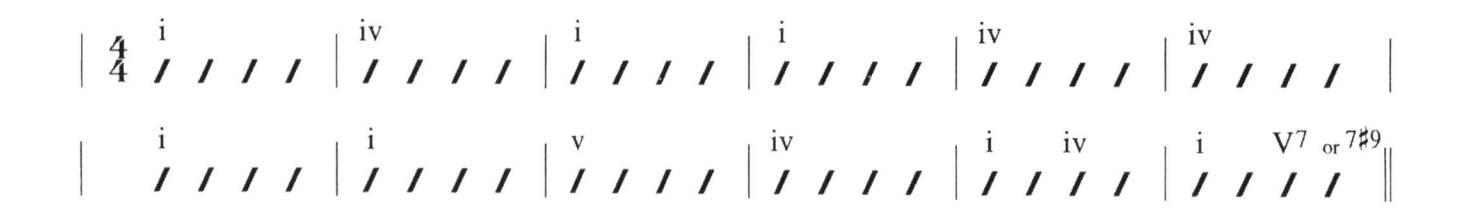

Pratique essa progressão usando o Conjunto 1 nas tonalidades menores em Sol, Lá e Si. Use o Conjunto 2 nas tonalidades menores em Ré, Mi e Fá.

Use uma combinação dos Conjuntos 1 e 2 nas tonalidades menores em Ré e Sol.

Um excelente exemplo dessa progressão pode ser ouvido em "Tin Pan Alley", de Stevie Ray Vaughan, em Couldn't Stand the Weather.

ESTUDO

Sonoridade menor em um solo

O Estudo 12, "Minor Blues", está escrito em uma progressão de blues de 12 compassos como mostrada nesta lição, na tonalidade em Ré menor. Ele está centrado, principalmente, em torno do Padrão 4 da escala pentatônica menor e move-se para os Padrões 3 e 5.

Essa música deve ser tocada lentamente e com expressividade. Tente fazer todas as mudanças de posição de maneira limpa. Um som limpo deve ser o objetivo.

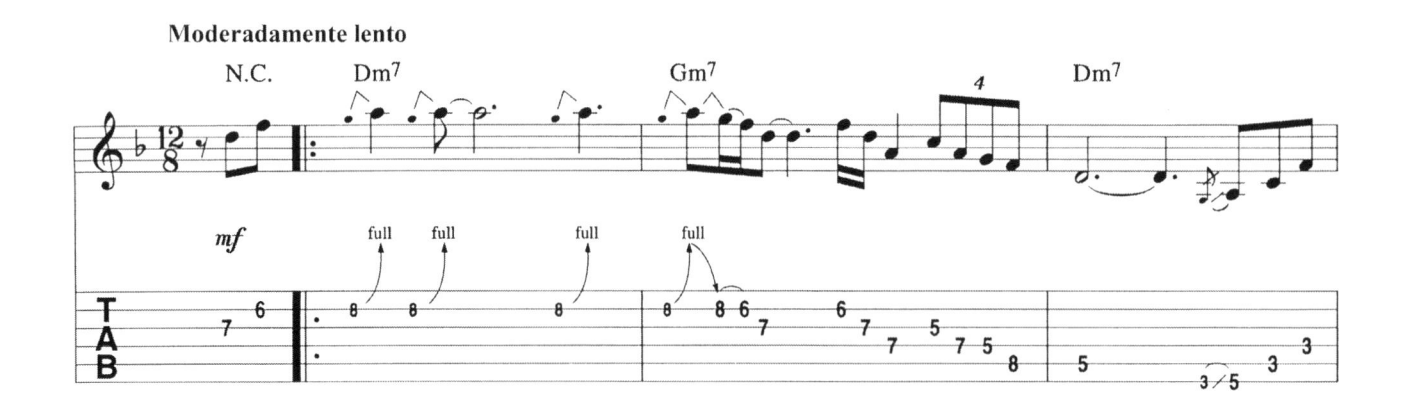

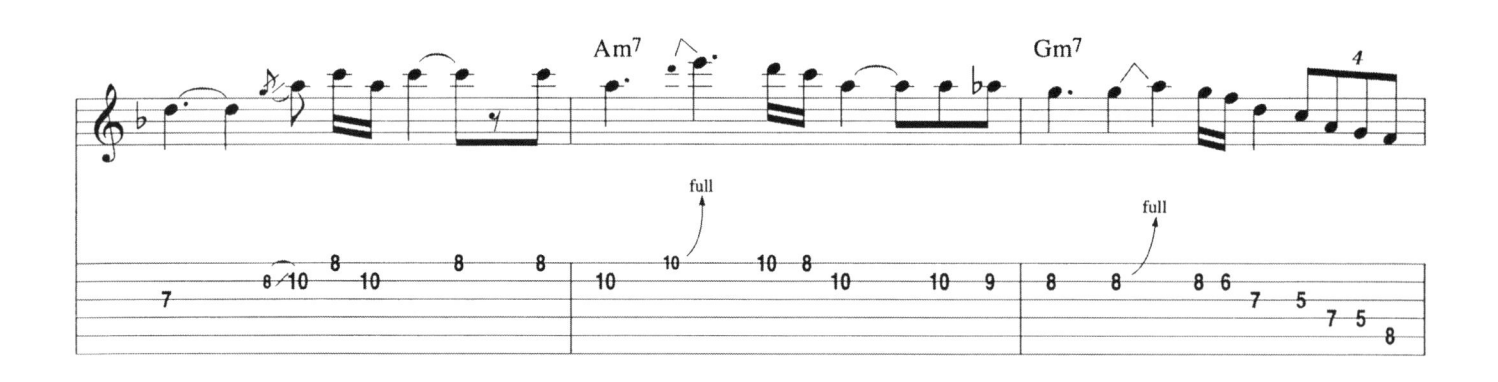

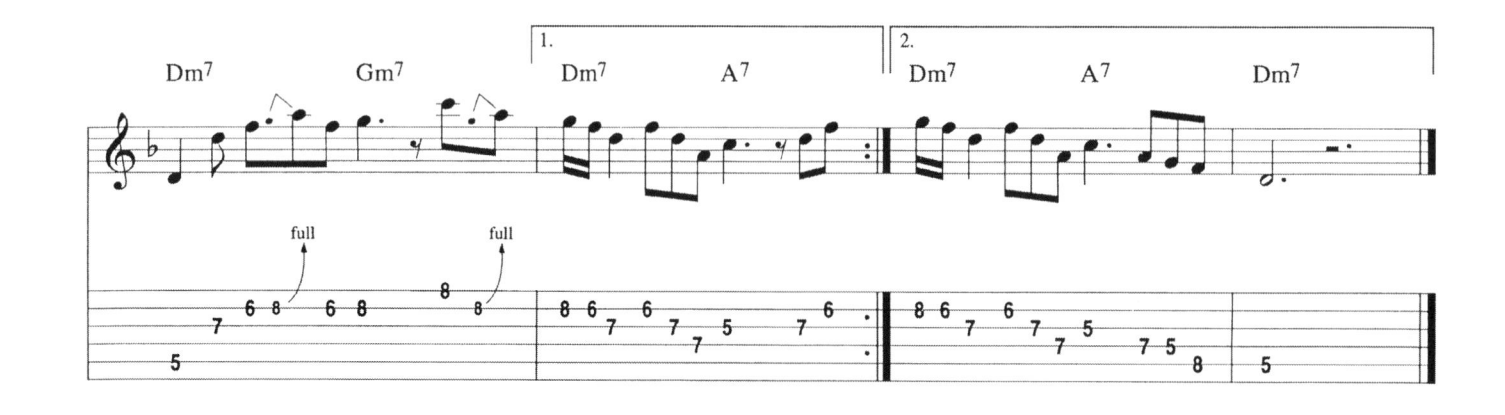

MINOR BLUES 16

LIÇÃO 13

ESCALAS

Combinações de pentatônicas maior e menor

Na ultima lição, você aprendeu a escala pentatônica maior (todos os padrões). Agora, vamos procurar uma maneira de praticar ambas as escalas. Lembre-se, você deve se acostumar a mudar do modo menor para o maior e vice-versa.

A técnica é simples:

- Primeiro, em uma dada tonalidade, encontre o padrão completo mais grave, tanto maior quanto menor. Na tonalidade em Lá, por exemplo, ele seria o Padrão 5. Mesmo que você possa tocar todo o Padrão 4 em modo menor, o Padrão 4 do modo maior não está disponível no capotraste.

- Assim que encontrar o padrão mais grave, toque apenas o padrão da fundamental nessa escala, com a mão esquerda na posição do padrão menor.

- Depois, toque a escala menor.

- Em seguida, coloque a mão na posição da escala maior, mesmo padrão, e toque apenas as fundamentais novamente.

- Então, toque a escala pentatônica maior.

- Passe para o próximo padrão e faça o mesmo.

- Faça isso subindo e descendo por todo o braço do instrumento.

O diagrama a seguir, de padrões de fundamental, ilustra o processo.

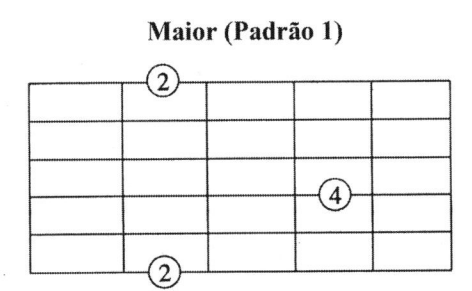

Maior (Padrão 1)

Mão na posição do Padrão 1 – maior

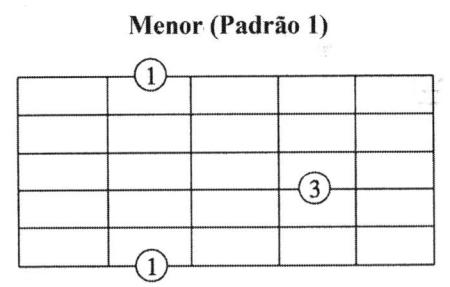

Menor (Padrão 1)

Mão na posição do Padrão 1 – menor

Pratique as escalas pentatônicas maiores e menores desta maneira em todas as tonalidades, trabalhe sobre o círculo das quintas.

ACORDES E PROGRESSÕES

Mais progressões de blues em tonalidade menor

Nesta lição, vamos examinar uma progressão alternativa de blues de 12 compassos. Ela usa um novo acorde: o acorde ♭VI. Ele é um acorde maior (sem sétima). Sua fundamental está um traste acima da fundamental do acorde V. O acorde ♭VI é usado, principalmente, na tonalidade menor. Os diagramas a seguir ilustram o acorde ♭VI passando para o acorde V^7 nos Conjuntos 1 e 2 dos acordes menores i^7, iv^7, v^7.

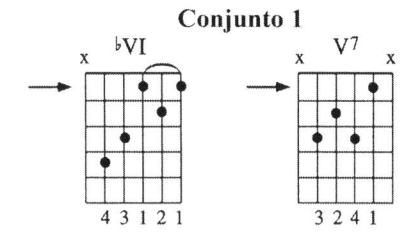

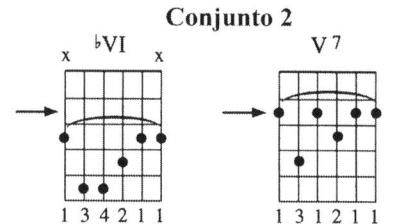

Essa é uma progressão alternativa de blues de 12 compassos. Observe que os primeiros oito compassos são idênticos aos primeiros oito compassos do blues menor padrão de 12 compassos que você aprendeu na lição 12. Novamente, você tem a escolha de usar um acorde V⁷ ou V7♯9 nos compassos 10 e 12.

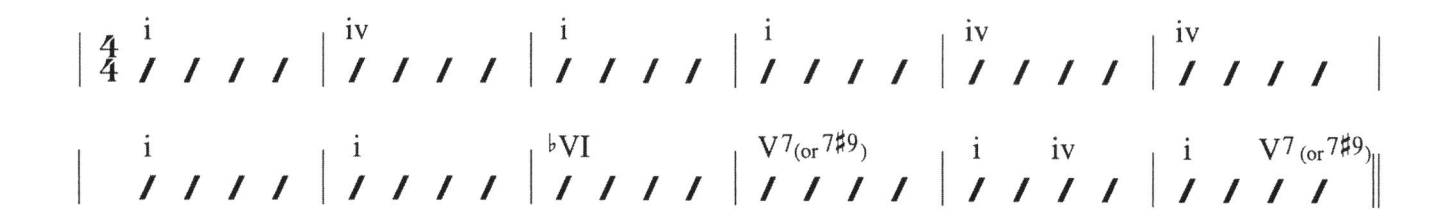

Pratique essa progressão usando o Conjunto 1 dos acordes menores com sétima nas tonalidades em Sol, Lá e Si; e usando o Conjunto 2 nas tonalidades em Ré, Mi e Fá. Tente usar uma combinação dos dois conjuntos nas tonalidades em Ré e Sol.

Para ouvir alguns exemplos excelentes do uso dessa progressão, procure "Thrill is Gone", de B.B. King, em Completely Well; e "Cold, Cold Feelin'", de Albert Collins, em Ice Pickin'.

ESTUDO

Mais melodias de acordes

O estudo desta lição, "More Minor Blues", usa a progressão menor alternativa de blues de 12 compassos apresentada acima.

Observe o uso de formas parciais e completas de acorde. Isso fornece uma sonoridade mais cheia, assim como uma forte sensação menor. Trata-se de uma versão simples do que é chamado de "estilo de melodia de acordes".

MORE MINOR BLUES

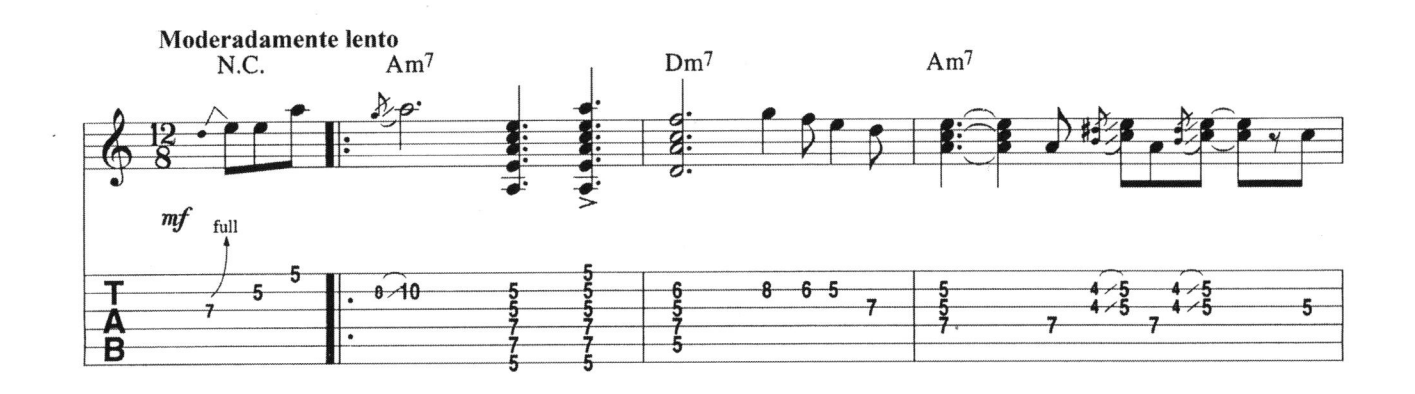

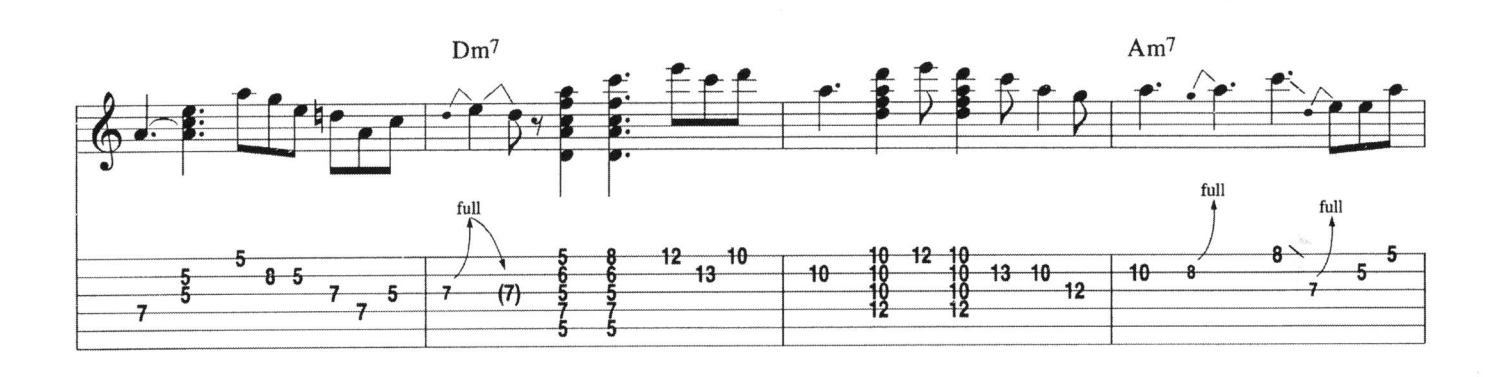

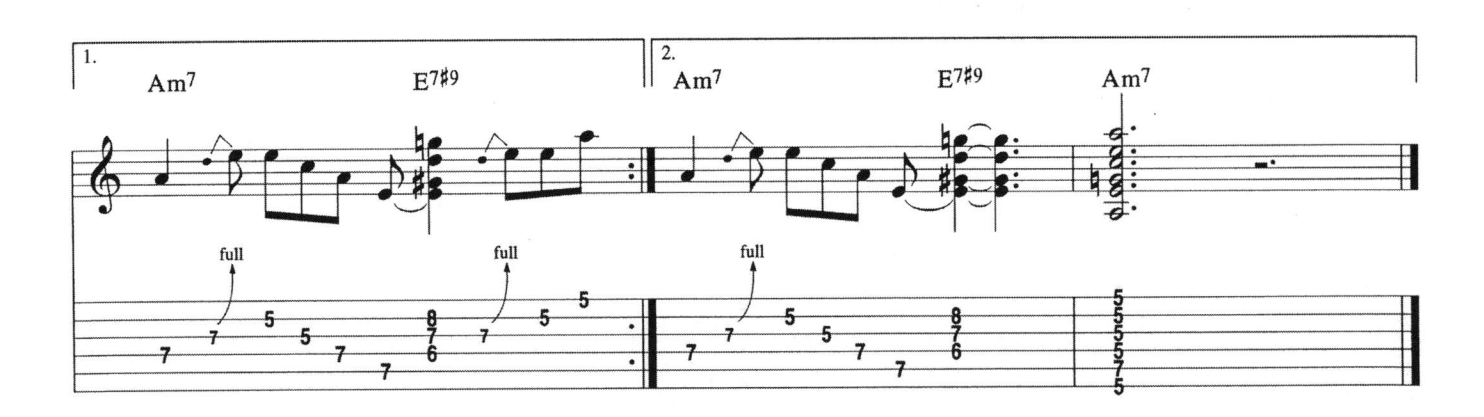

LIÇÃO 14

ESCALAS

Mais escalas maiores e menores juntas

Vamos combinar, nesta lição, as escalas pentatônicas maior e menor em uma nova rotina de prática de escalas.

- Localize o padrão completo mais grave disponível tanto na escala pentatônica maior quanto menor (como na lição anterior).

- Comece a tocar a escala pentatônica menor desde a nota mais grave do padrão até a mais aguda.

- Depois, sem parar, toque a nota mais aguda da escala pentatônica maior no mesmo padrão e desça a escala até a nota mais grave.

No Padrão 1, em uma tonalidade em Sol, isso seria assim:

Comece na 3ª posição, pentatônica menor, Padrão 1   *Mude para a 2ª posição, pentatônica maior, Padrão 1*

Certifique-se de mudar de posição quando necessário e estar no local correto da escala maior ou menor. Faça isso com todos os padrões de escala, em todas as tonalidades. Depois, inverta tudo e comece com a maior ascendente e menor descendente.

Esse exercício é um pouco difícil no começo, mas é excelente para ajudar o músico a se tornar capaz de passar de um padrão para outro de forma suave e fácil, abrindo todos os tipos de possibilidades na música.

ACORDES E PROGRESSÕES

Como usar acordes de passagem mais acordes com 13ª

Agora, vamos sair do blues menor e examinar uma progressão alternativa de blues de 12 compassos que usa, novamente, acordes com sétima e nona, além de alguns acréscimos. Isso será explicado em detalhes, compasso por compasso. Antes, porém, de continuar lendo, toque a progressão como está escrita para ter uma ideia de como ela soa.

Na tabela adiante e naquelas das lições restantes, o número real do traste substituirá as setas nos diagramas de acorde.

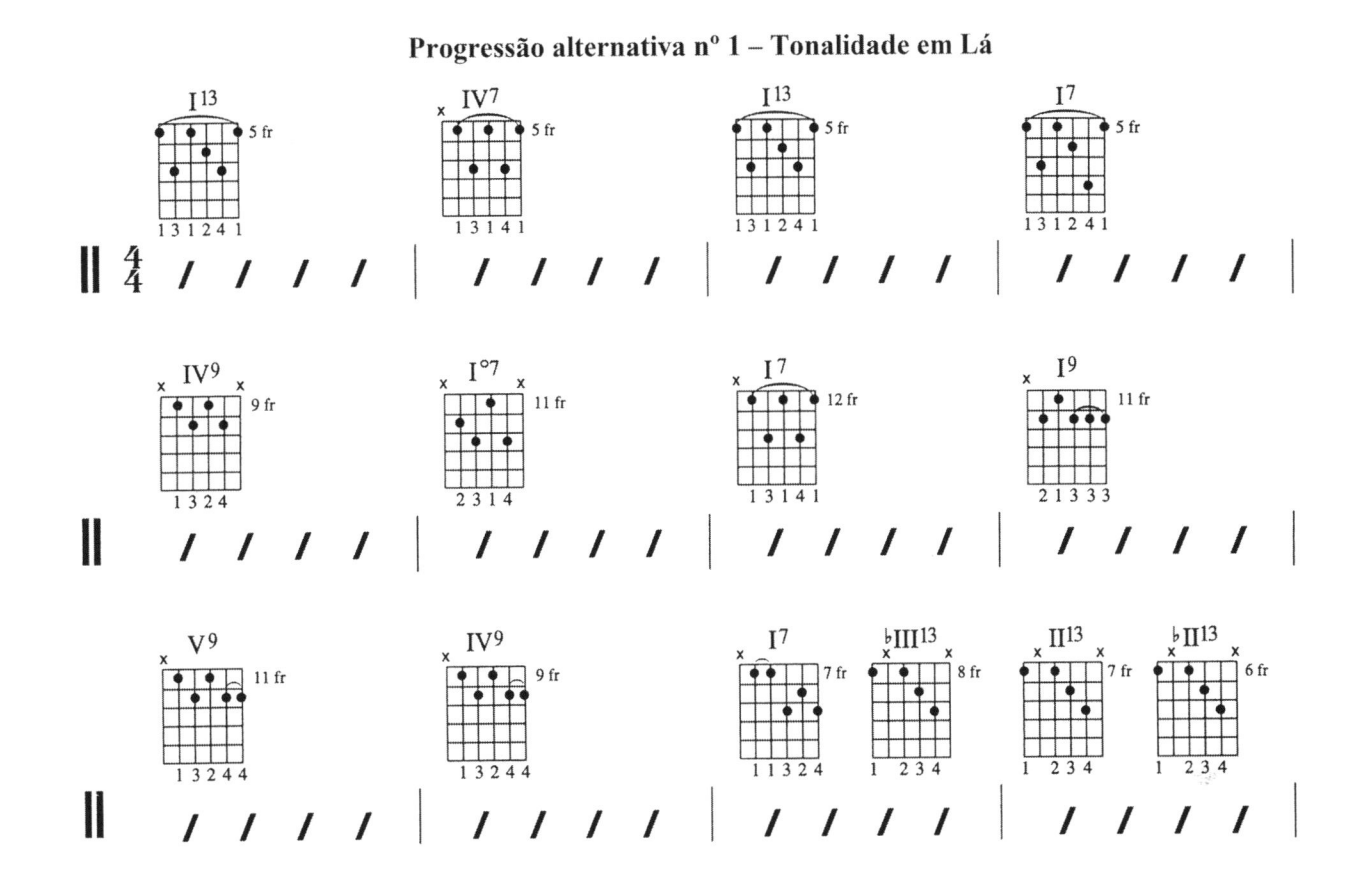

Progressão alternativa nº 1 – Tonalidade em Lá

- O compasso 1 começa com um acorde I^{13}. Esse acorde com décima terceira funciona da mesma maneira que um acorde com sétima ou nona e pode ser usado em substituição sempre que você desejar um som de "décima terceira".

- O compasso 2 vai para um acorde IV^7. Isso não é nenhuma novidade, mas observe como as duas notas superiores são as mesmas notas do acorde I^{13} precedente. Isso contribui para uma conexão de vozes e acorde mais suave.

- O compasso 3 volta para o I^{13}.

- No compasso 4, mude para um acorde I^7 movendo o 4º dedo para cima em um traste na 2ª corda. As notas restantes permanecem iguais.

- No compasso 5, vá para um acorde de IV^9 no 9º traste. Parece um grande salto e você obtém um som diferente tocando mais acima no braço, mas observe que a nota superior do acorde (Lá na 2ª corda/10º traste) é a mesma nota superior do acorde I^7 precedente (1ª corda/5º traste). De novo, ter uma nota comum nas notas superiores dos dois acordes contribui para uma boa condução de vozes.

  Até o momento, além do uso do acorde I^{13} e da mistura de sétimas e nonas, nada nessa progressão é novidade ou diferente do padrão de blues de 12 compassos I, IV, V.

- A progressão começa a ficar diferente no compasso 6, com o acorde com sétima diminuta (I^{o7}). Ele funciona como um acorde de passagem, isto é, um acorde que é um tipo de etapa entre dois acordes em uma progressão. Ele é tocado "passando" de um acorde para o seguinte.

Nesse caso, o I^{o7} está se movendo para o acorde I^7 no compasso seguinte. Ele substitui o acorde IV que seria, normalmente, tocado no compasso 6.

- No compasso 7, vá para um acorde I^7.

- No compasso 8, toque um acorde I^9 do Conjunto 2 no 11º traste.

- No compasso 9, você está pronto para passar para o acorde V^9 do Conjunto 2, ainda no 11º traste.

- Desça no compasso 10 para o acorde IV^9 do mesmo conjunto, no 9º traste.

- Finalmente, aparece o turnaround, que é da variedade I^7, ♭III^{13}, II^{13}, ♭II^{13}. Desça para o acorde I^7 – a mudança de posição não é tão abrupta, pois a nota superior do acorde está apenas um traste abaixo do acorde IV^9 precedente.

  O movimento para o acorde ♭III^{13} é bastante gritante e é um acento eficiente. Ele indica que algo grande está acontecendo: ou estamos voltando para o início da música ou nos preparando para o final da canção.

  Desça um traste para o acorde II^{13} e, novamente, um traste para o ♭II^{13}.

Uma análise completa do turnaround está além do escopo deste livro, mas observe um ponto: o acorde ♭II^{13}. Qualquer acorde ♭II com sétima, nona, nona aumentada ou décima terceira pode funcionar como substituto do acorde V e isso é o que temos aqui. No contexto da tonalidade, ele quer se mover para o acorde I da mesma forma que o acorde V.

Agora que você conhece a análise, pratique a progressão alternativa até que possa tocar todas as mudanças de acorde de forma suave. Depois, transponha para as tonalidades em Sol e Si.

ESTUDO

Major Blues

"Major Blues" está escrito, principalmente, na escala pentatônica maior. Ele está escrito em uma progressão de blues de 12 compassos.

- No compasso 1, toque a pentatônica maior em Sol, Padrão 1, usando notas de um acorde em G.

- No compasso 2, vá para a pentatônica maior em Dó na 7ª posição e toque a mesma figura do compasso 1.

- Após voltar ao G nos compassos 3 e 4, volte para o C nos compassos 5 e 6 e, essencialmente, repita a figura tocada no compasso 2.

- Depois, volte para G até o final da música.

Os "hammer-ons" são complicados em alguns lugares. No entanto, eles dão a essa música muito do seu sentimento, então tente executá-los de forma bem precisa.

MAJOR BLUES

LIÇÃO 15

ESCALAS

Escalas em pares de cordas

Até aqui, você praticou padrões de escalas completos. Isto é, em qualquer posição, você pode tocar completamente todo o padrão de escala encontrado. Agora, vamos quebrar os padrões, tocar pequenas partes de um padrão de escala e, depois, mover para cima ou para baixo, para o padrão seguinte. Isso o ajudará a passar melhor de um padrão para outro enquanto toca.

Essa técnica usa pares de cordas adjacentes, que são duas cordas quaisquer que estejam uma ao lado da outra, como a 6ª e 5ª cordas, 5ª e 4ª etc.

- Comece com o padrão completo mais grave disponível em uma dada tonalidade.

- Toque as notas da escala na 6ª corda e na 5ª corda, da nota mais grave na corda 6 até a nota mais aguda na corda 5.

- Sem hesitação e no andamento, suba para o próximo padrão e toque as notas da escala encontradas na 6ª corda e na 5ª corda da mesma maneira.

- Continue subindo os padrões até o mais alto que conseguir.

- Quando chegar ao padrão mais alto, reverta o processo. Use as mesmas duas cordas, mas agora toque a nota superior da 5ª corda até a nota mais grave da 6ª corda (ainda na posição mais alta do braço do instrumento).

- Depois desça no braço do instrumento, ainda no andamento, e faça o mesmo com o padrão seguinte.

- Desça completamente até o padrão mais grave (onde você começou).

- Repita esse procedimento no restante dos pares de cordas (5ª e 4ª, 4ª e 3ª etc.).

Tente passar de um padrão a outro da forma mais suave possível, de modo que você não ouça a mudança. Para isso, você deve conectar as notas: segurar a última nota de um padrão até mudar e depois "pular" a mão esquerda até a posição seguinte no momento em que você estiver prestes a tocar a primeira nota desse padrão. Tente evitar uma quebra audível nas notas e faça com que elas fluam suavemente por toda a extensão do braço do instrumento.

É necessário ter prática para conectar as notas. Você pode praticar somente a mudança: coloque a mão em uma posição, toque a última nota, mude para próxima posição e toque a próxima nota, pare e repita até que isso soe perfeito.

Veja um exemplo do exercício na tonalidade em Mi. Apenas a 6ª corda e a 5ª corda são exibidas, mas o procedimento é o mesmo para outros pares de cordas.

Prática de escala em pares de cordas
Tonalidade em Mi – 6ª e 5ª cordas

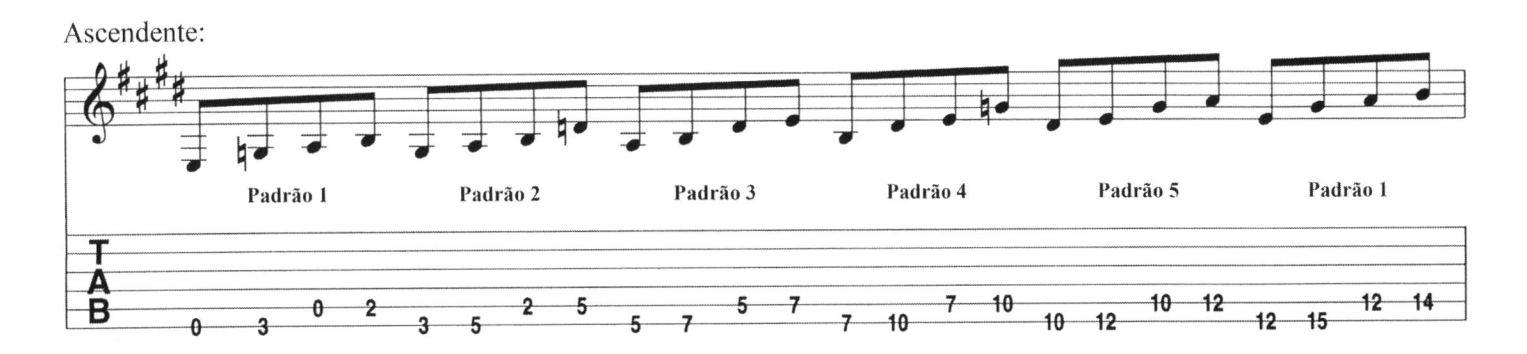

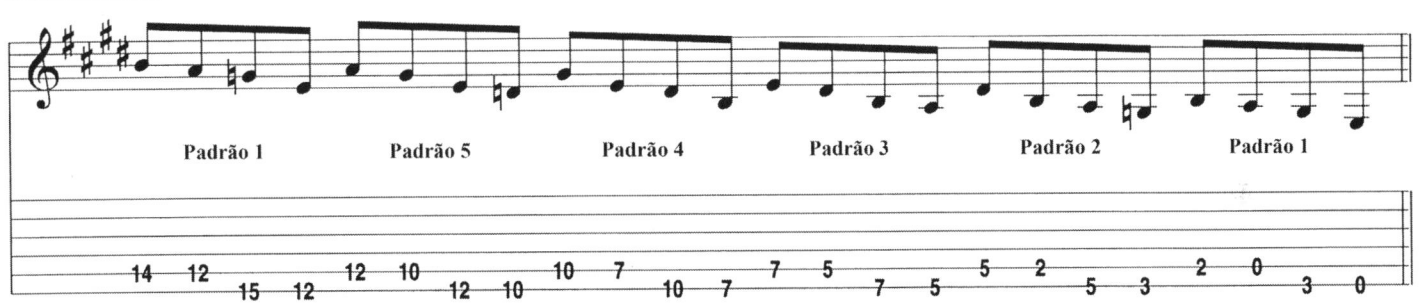

Ascendente:

Descendente:

Ao chegar ao final da parte ascendente do exercício, não pare e comece, imediatamente, a parte descendente.

Faça o exercício em todas as tonalidades usando as escalas pentatônicas maior e menor.

ACORDES E PROGRESSÕES

Mais acordes de passagem e com 13ª

Nesta lição, você aprenderá a progressão alternativa de 12 compassos da lição 14 usando um conjunto diferente de acordes, que é muito parecido com os dois conjuntos de acordes com sétima e nona. Ela está escrita na tonalidade maior. Assim que aprender a progressão em Mi Maior, transponha para Ré sustenido Maior e Fá sustenido Maior.

Progressão alternativa nº 1 – tonalidade em Mi

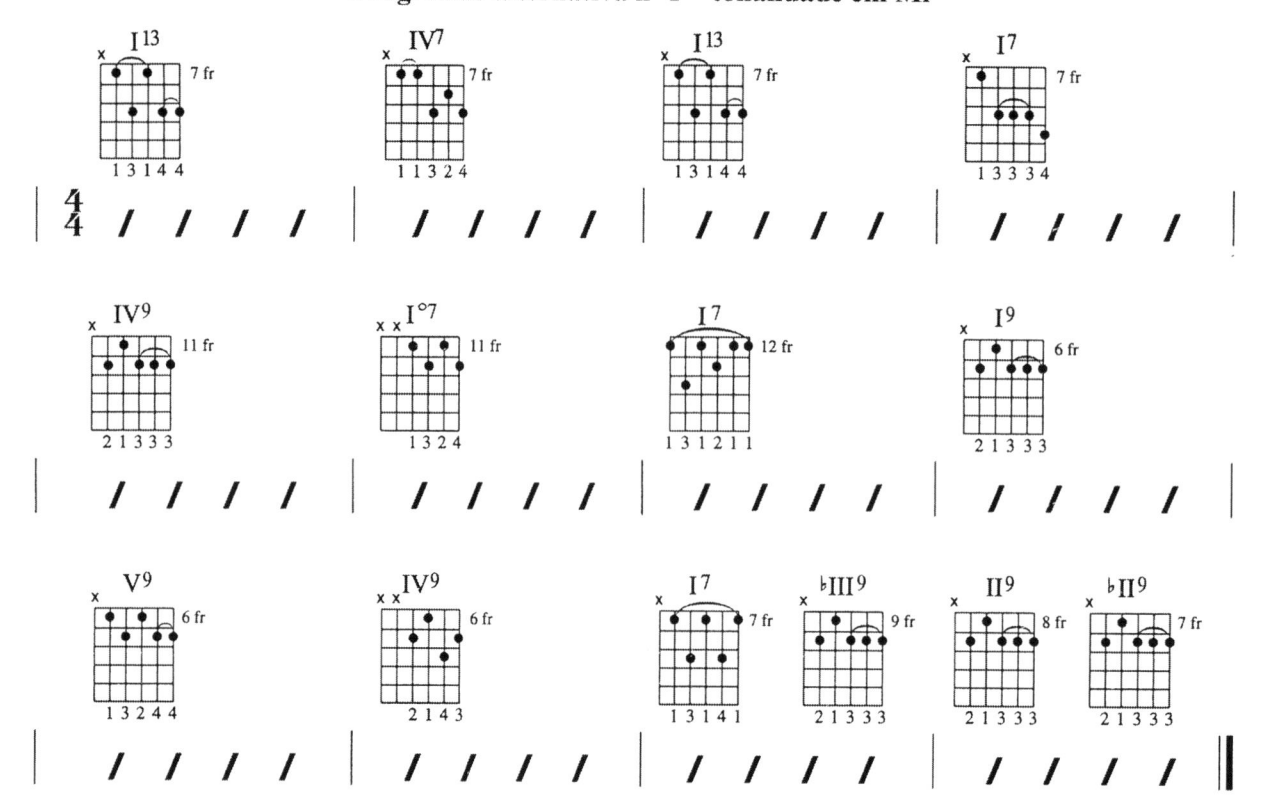

ESTUDO

Misturando escalas maiores e menores

O estudo desta lição ilustra uma maneira comum de usar a escala pentatônica maior em um blues padrão.

Os primeiros quatro compassos estão na pentatônica menor. Quando ela passa para o acorde IV por dois compassos (compassos 5 e 6), ela muda para a maior (ainda na tonalidade em Dó). No compasso 7, a música volta para o acorde I e muda para a menor.

Essa é uma das maneiras mais comuns e úteis de usar a escala pentatônica maior. Ela soa muito bem quando tocada no acorde IV. Ela alivia, por um momento, a tensão da escala menor nos acordes com sétima. Depois volta à "mordida" da menor ao retornar ao acorde I.

Misturar as duas escalas acrescentará mais "cor" e contraste aos solos.

Observe, no compasso 9, o bend para cima a partir da fundamental da escala pentatônica menor em Dó. Fizemos isso em "Bending the Blues" (lição 7), também no acorde V. Isso funciona bem aqui e sugere um pouco da maior.

Depois, no compasso 10, a pentatônica maior é usada sobre o acorde IV novamente, retornando à menor nas últimas duas notas do compasso.

Os dois últimos compassos usam outra figura clichê de turnaround, uma que você pode usar na maioria dos turnarounds. Tente experimentá-la. Toque de maneiras diferentes usando as mesmas notas.

Para um bom exemplo da mistura de pentatônicas maior e menor, ouça "Same Old Blues", de Freddie King, em Getting Ready.

HARD EDGE BLUES

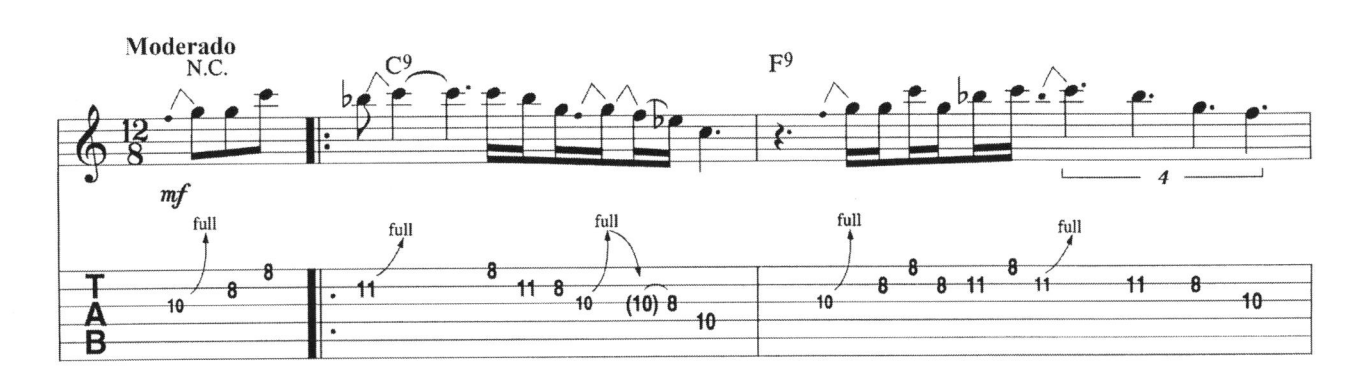

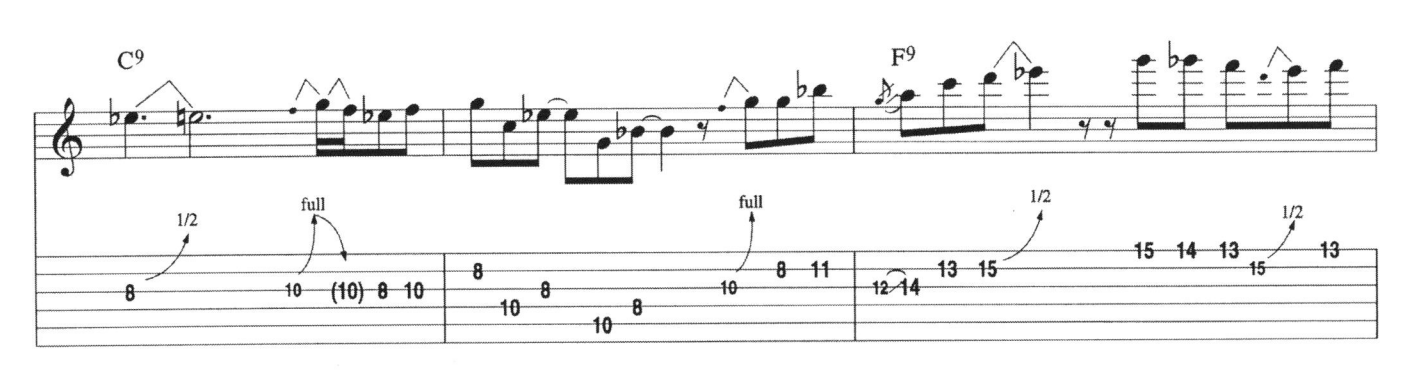

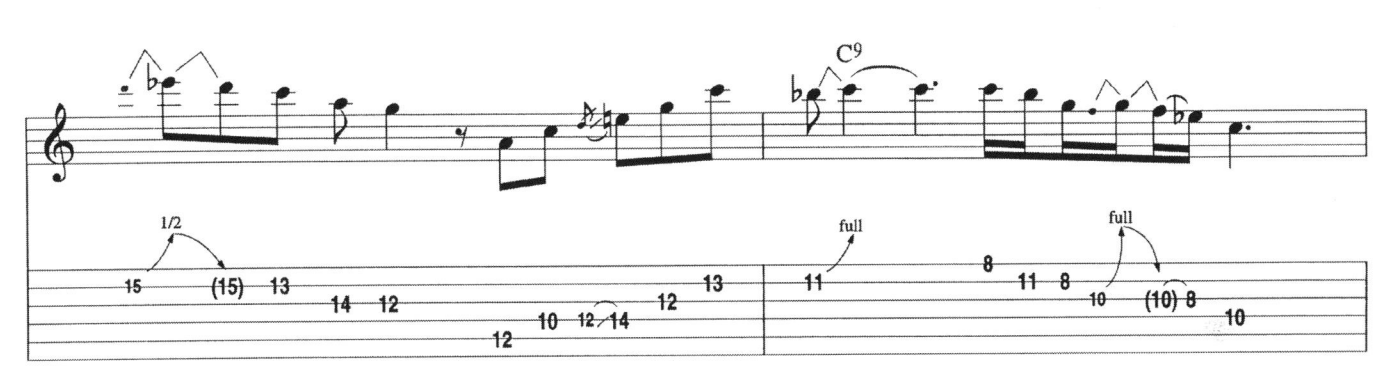

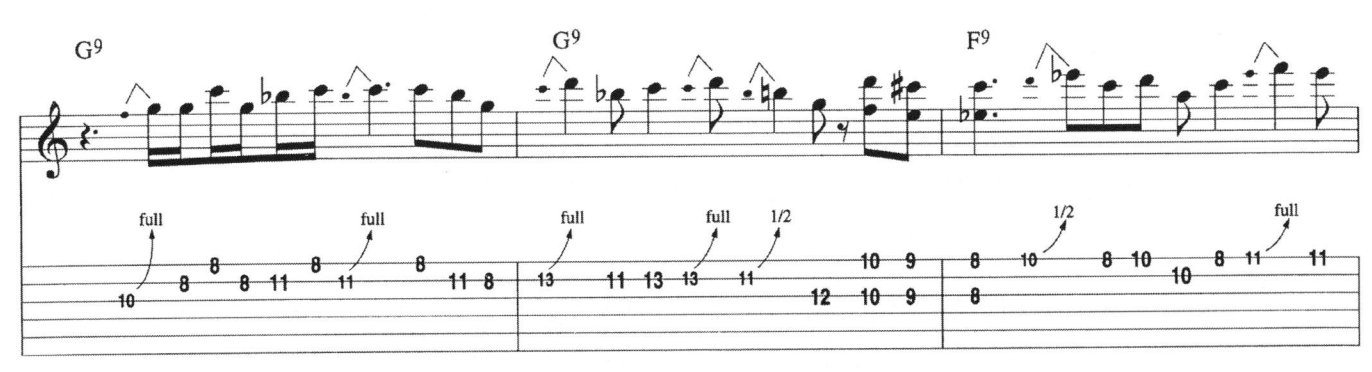

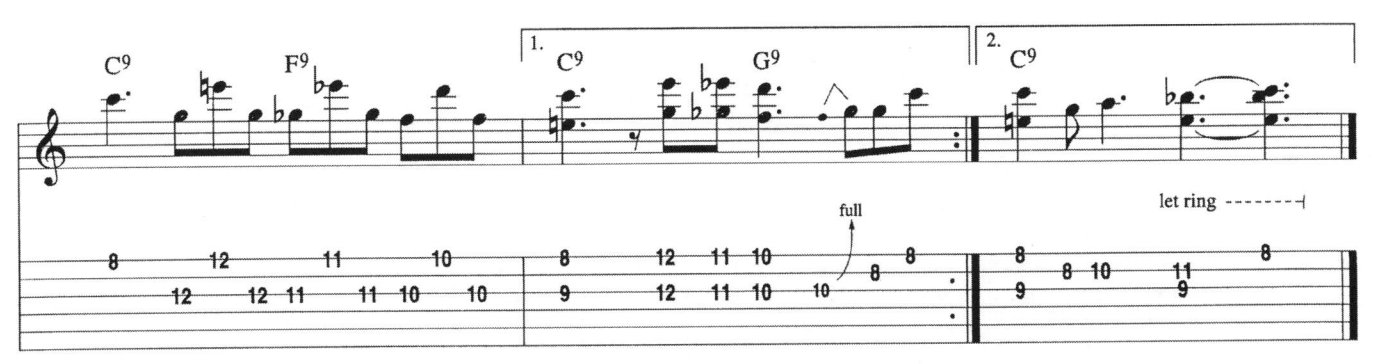

LIÇÃO 16

ESCALAS

Como mover entre padrões de escalas adjacentes

Agora que você praticou as escalas usando pares de cordas por todo o braço do instrumento, examine outra maneira de usar os pares de cordas: entre padrões de escalas adjacentes. Isso funciona da seguinte maneira:

- Começando, novamente, com o padrão mais baixo disponível em uma dada tonalidade, toque as quatro notas do primeiro par de cordas (6ª e 5ª cordas) começando com a nota mais grave na corda 6 até a nota mais aguda na corda 5.

- Passe para o próximo padrão de escala e toque as quatro notas nesse padrão. Até aqui, o exercício é igual ao da lição anterior, mas logo começará a ficar diferente.

- Volte para o padrão de escala mais baixo com o qual você começou e toque as quatro notas no próximo par de cordas (5ª e 4ª cordas).

- Recue, subindo para o próximo padrão de escala, e toque as quatro notas no mesmo par de cordas.

- Recue, descendo para o primeiro padrão, e faça o mesmo com o próximo par de cordas (4ª e 3ª cordas).

- Repita o procedimento até atingir a nota mais aguda no último par de cordas (2ª e 1ª cordas) no padrão mais alto das duas escalas que estiver usando.

- Depois, volte e reverta o procedimento usando um padrão descendente similar àquele usado na última lição, mas passando de um padrão de escala adjacente a outro.

    Isso é ilustrado no exemplo a seguir, que está na tonalidade em Mi Maior, usando o Padrão 1 (aberto) e Padrão 2 (segunda posição).

Exercício de pares de cordas adjacentes
Pentatônica em Mi menor

Ao chegar em cima, inverta a direção e volte através dos dois padrões. Como sempre, tente fazer a mudança de um padrão para outro da forma mais suave possível.

Quando terminar os dois padrões de escalas adjacentes, passe para os dois seguintes. (Seguindo o exemplo acima dos Padrões 1 e 2, passe para o Padrão 2 e 3.) Pratique esse exercício em todo o braço do instrumento e em todas as tonalidades, maiores e menores.

ACORDES E PROGRESSÃO

Como usar sextas para fazer acordes parciais

Agora vamos nos afastar dos novos acordes e progressões e examinar uma maneira de tocar apenas duas notas do acorde usando o intervalo de sexta.

> Um intervalo é a distância entre duas notas. Ele é medido em tons inteiros e semitons. Um semitom é o mesmo que um traste na guitarra.

As sextas são usadas amplamente no blues, tanto nas partes de guitarra solo quanto na base. Elas podem ser usadas tanto harmonicamente (ambas as notas tocadas simultaneamente) quanto melodicamente (as duas notas tocadas em sequência). Como observado acima, ambas as notas fazem parte de um acorde – um acorde com sétima, nona ou mesmo décima terceira. Como o acorde inteiro não é tocado, ele é mais "sugerido" ou está "implícito" do que é realmente "afirmado".

Os exemplos a seguir ilustram o uso das sextas para implicar os acordes I, IV e V, na tonalidade em Lá Maior. Entretanto, eles não mostram todos os lugares em que você pode encontrá-los. Após aprender bem o exercício, use seu conhecimento de acordes e seu ouvido para localizar mais sextas na mesma tonalidade. Depois, transponha todas as sextas para todas as outras tonalidades.

Exercício em sextas – tonalidade em Lá Maior

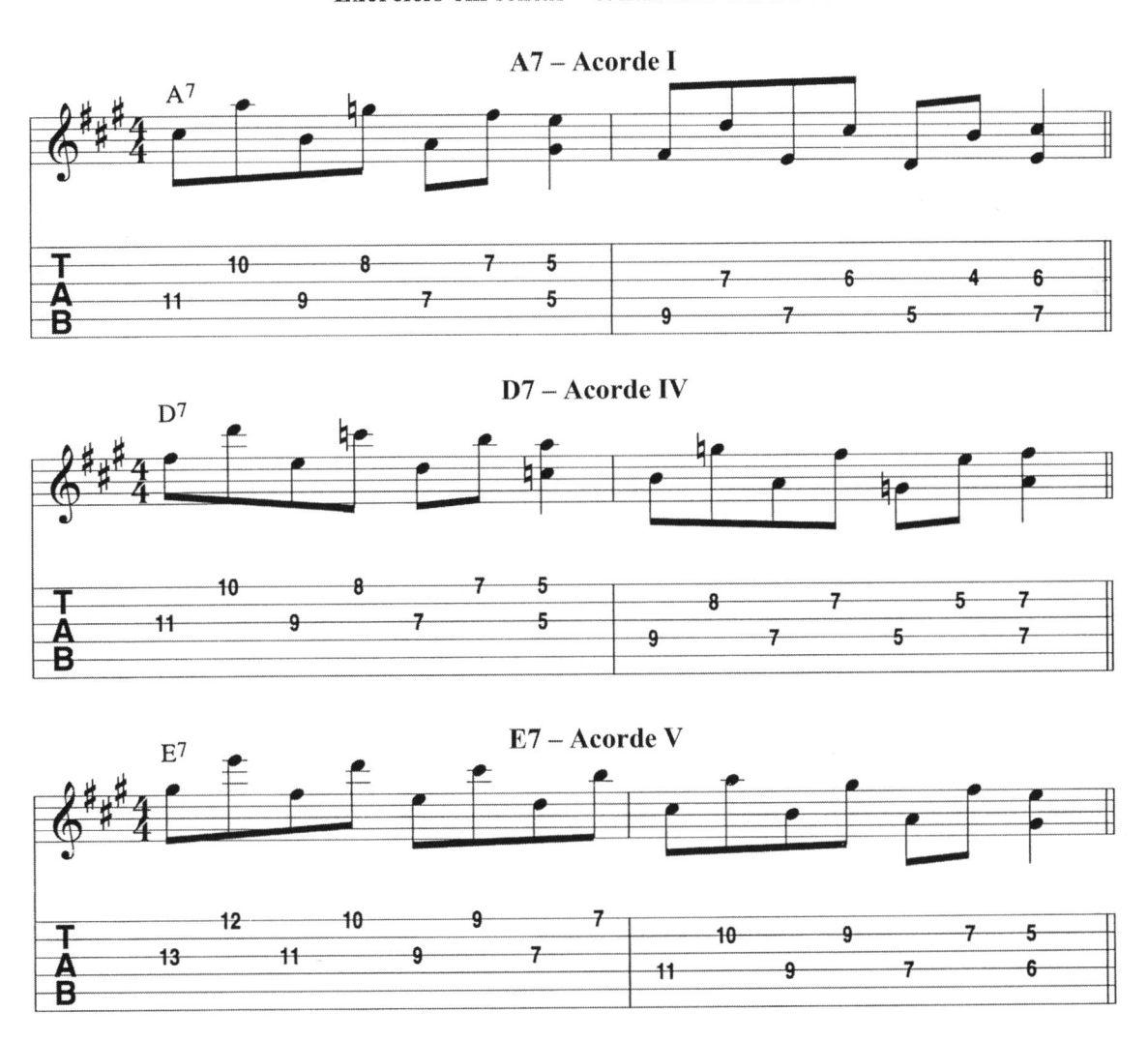

ESTUDO

Estilo R&B gospel básico

Este estudo está escrito inteiramente na escala pentatônica em Lá Maior. Você notará, sem dúvida, como ela soa mais "brilhante" e "leve" que a pentatônica menor. Conforme indica o título, existe nele um toque de música gospel.

Observe os padrões da escala pentatônica maior pelos quais você passa na música (Padrões 1 e 3). Observe também o uso do acorde V aumentado (V+) na primeira casa de repetição. Ele é um acorde de som diferente e pode ser usado no lugar de um acorde V⁷. Ele funciona especialmente bem como acorde V final em um turnaround, e onde for usada a escala pentatônica maior.

A progressão, mesmo que seja I, IV, V, é diferente da progressão padrão de blues de 12 compassos.

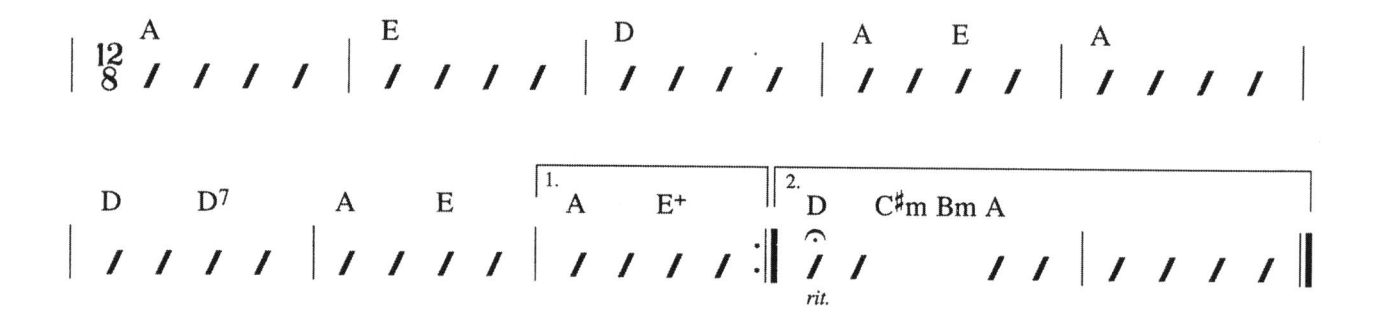

PREACHING GOSPEL BLUES

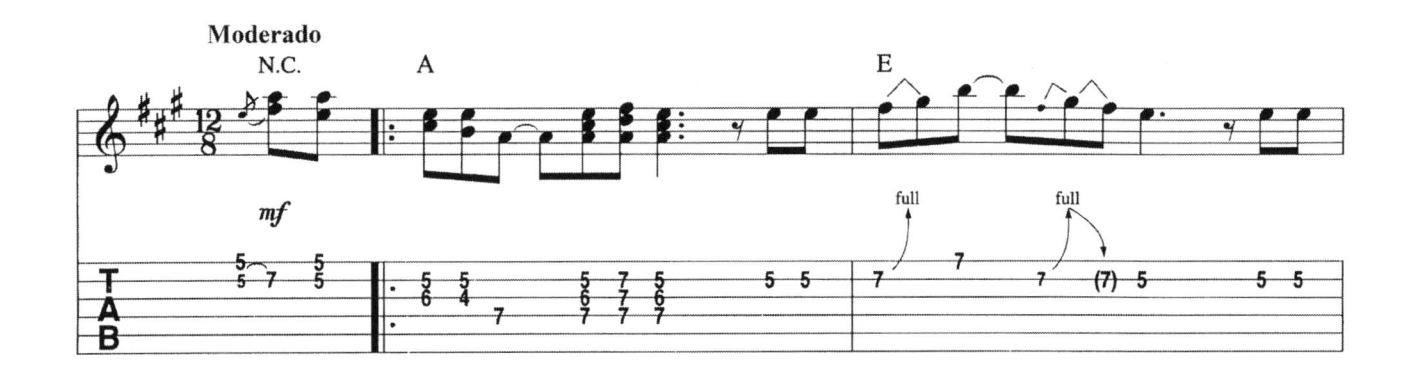

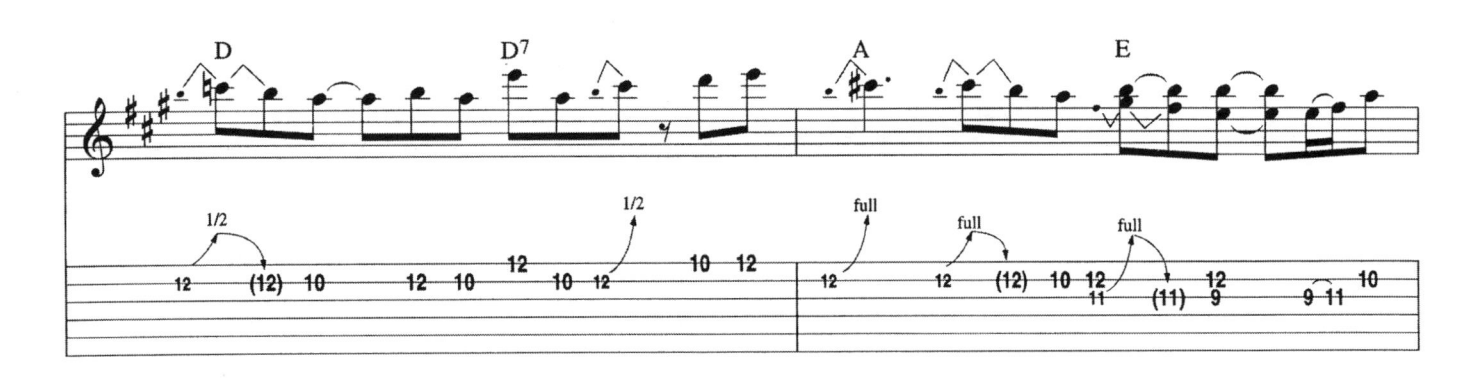

LIÇÃO 17

ESCALAS

Como pular cordas ao tocar escalas

Nesta lição, vamos continuar usando pares de cordas, no entanto, elas serão pares de cordas não adjacentes. Isso envolverá "saltar" uma ou mais cordas, na palhetada, para ir de uma corda a outra. Os pares possíveis de cordas não adjacentes são:

- 6ª e 4ª, 3ª, 2ª ou 1ª;
- 5ª e 3ª, 2ª ou 1ª;
- 4ª e 2ª ou 1ª;
- 3ª e 1ª cordas.

Você pode perceber que qualquer par de cordas é possível, desde que haja pelo menos uma corda entre elas.

Você pode usar pares de cordas não adjacentes nos exercícios das lições 15 e 16. Você vai descobrir que algumas são mais limitadas do que outras. Por exemplo: se você usar as cordas 6ª e 1ª é possível tocar apenas quatro notas por padrão antes de ter que mover para cima, tornando inútil o método usado na lição 16.

Experimente para ver quais pares de cordas não adjacentes funcionam melhor com cada método de prática.

Use os pares de cordas listados acima nos métodos fornecidos nas lições 15 e 16, em todas as tonalidades. Lembre-se de fazer os deslocamentos de um padrão a outro da forma mais suave possível. Não se apresse nesta lição, pois ele é razoavelmente difícil no começo.

Este exercício ajudará a torná-lo ainda mais fluente nas escalas pentatônicas, assim como ajudará a desenvolver a técnica de pular cordas ao tocar.

ACORDES E PROGRESSÕES

Como usar terças

Na lição anterior, você aprendeu a usar o intervalo de sexta para sugerir acordes. Nesta lição, vamos ver como usar o intervalo de terça, e como ela está relacionada com a sexta.

Uma sexta pode ser transformada em terça por inversão. Inverter é pegar a nota mais grave do intervalo e tocá-la uma oitava acima da nota mais aguda do intervalo original. Da seguinte forma:

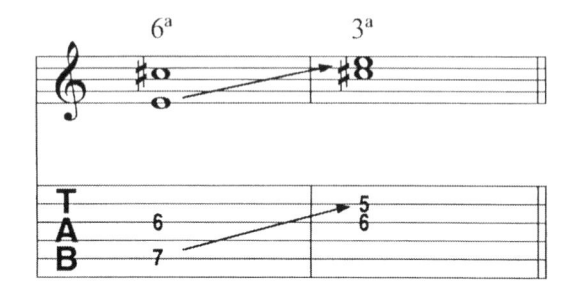

Primeiramente, há um Mi como nota mais grave e um Dó sustenido como a nota mais aguda de uma sexta. Em seguida, mova o Mi uma oitava acima. Agora, acima do Dó sustenido há um intervalo de terça.

Você pode inverter também um intervalo tomando a nota mais aguda e tocando-a uma oitava abaixo da nota mais grave do intervalo original. Da seguinte forma:

Primeiramente, há um Fá sustenido como a nota mais aguda e um Lá como a nota mais grave de uma sexta. Em seguida, mova o Fá sustenido uma oitava abaixo, agora abaixo do Lá original e aí está o intervalo de terça.

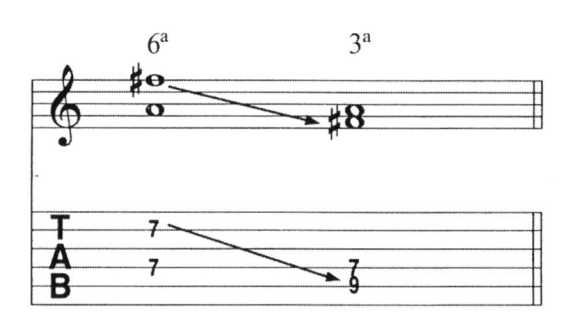

As terças são muito usadas no trabalho de guitarra solo baseado em blues, mas não muito nas partes de acompanhamento rítmico de guitarra (embora possam ser usadas no ritmo).

Os exemplos a seguir ilustram o uso das terças nos acordes I, IV e V. Novamente, este estudo não esgota as possibilidades e você deve procurar mais a fazer com cada acorde. Após aprender o exercício na tonalidade em Lá Maior, transponha para várias outras tonalidades.

Exercício em terças – tonalidade em Lá Maior

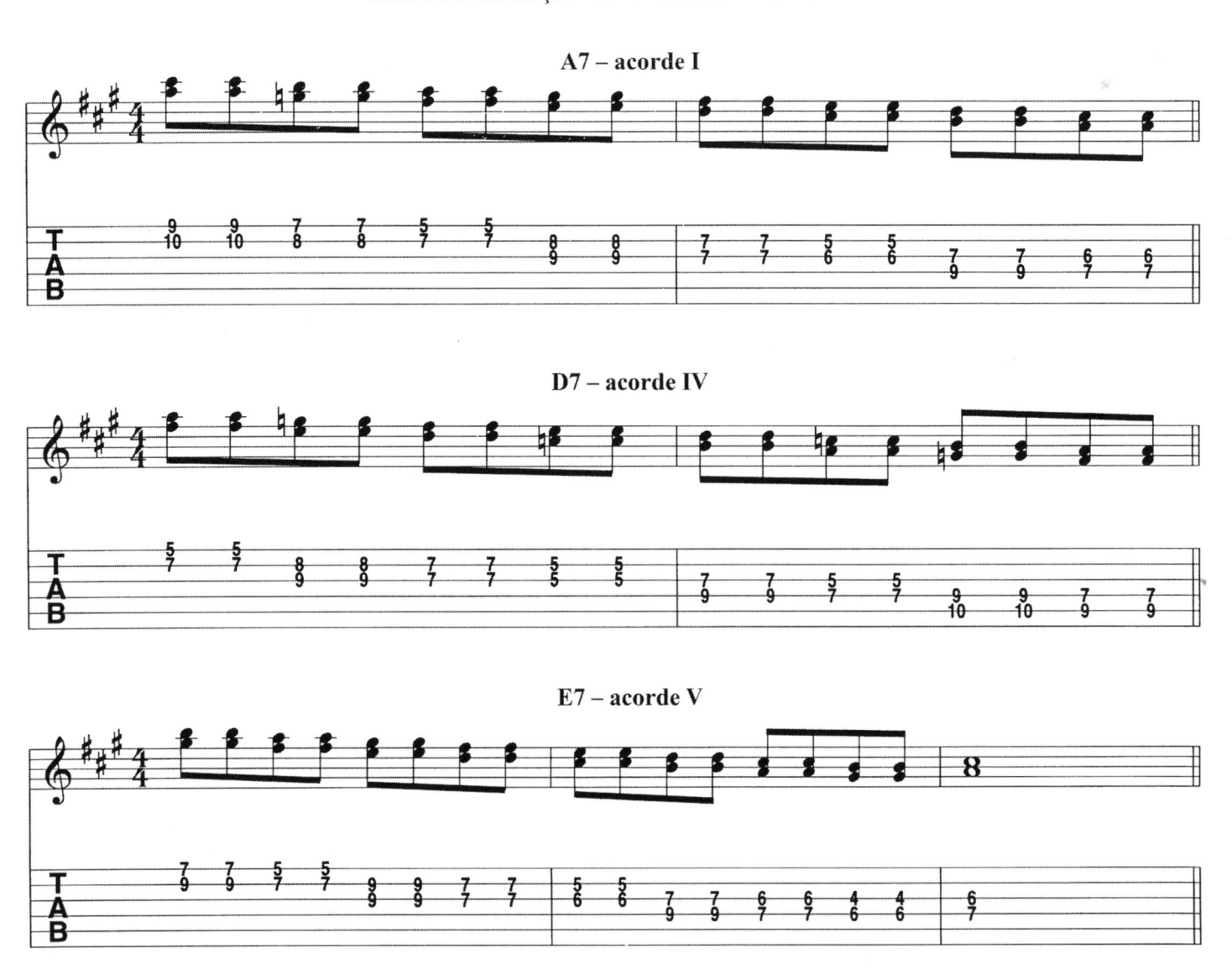

A7 – acorde I

D7 – acorde IV

E7 – acorde V

Observe os estudos 5, 6, 9 e 14 e veja se você consegue encontrar onde as terças são utilizadas. Lembre-se de que as terças não precisam ser tocadas simultaneamente.

ESTUDO

Como usar sextas em um solo

O estudo desta lição, "Blue Sixths", ilustra o uso do intervalo de sexta em um solo de blues. As sextas são usadas junto com a escala pentatônica menor.

Observe o uso de meios-tons (um traste) com sextas. Frequentemente, você pode "caminhar" intervalos, notas simples ou mesmo acordes, para cima e para baixo, da seguinte forma.

Observe também o turnaround. Ele é um turnaround I, IV, I, V. Observe como as sextas são usadas para implicar cada um desses acordes. A progressão é um blues de 12 compassos na tonalidade em Lá Maior.

BLUES SIXTHS

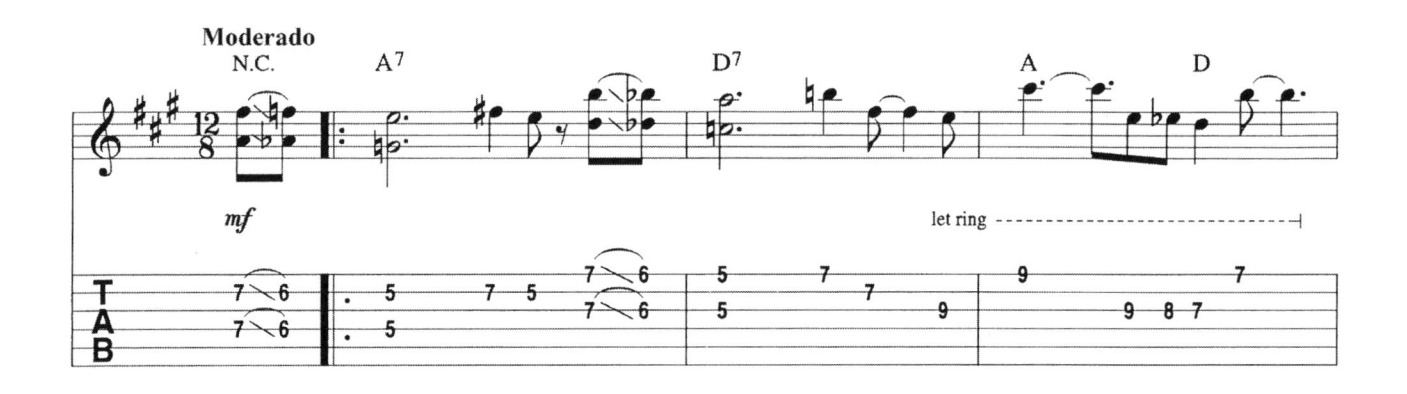

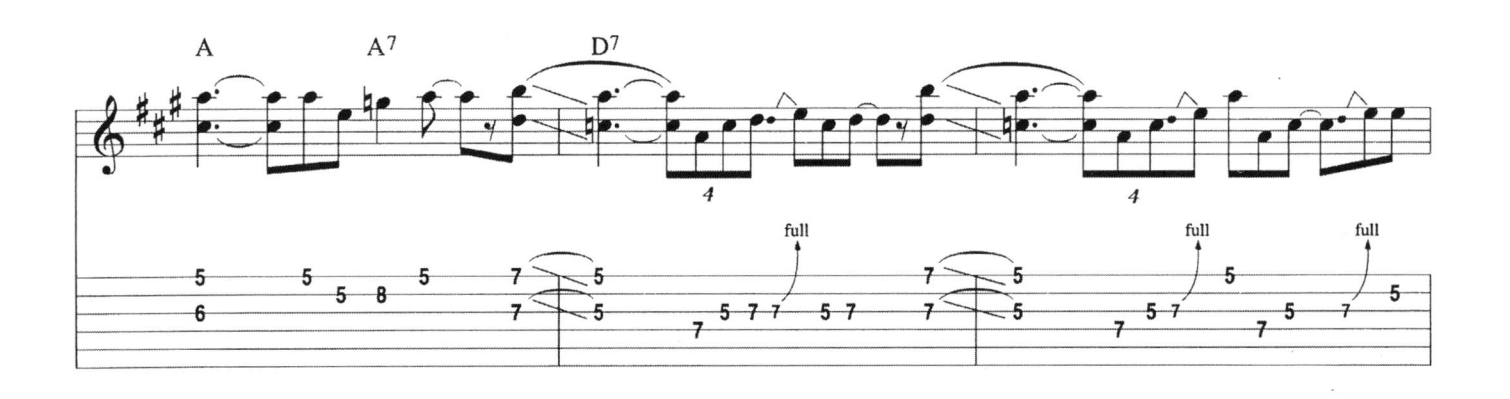

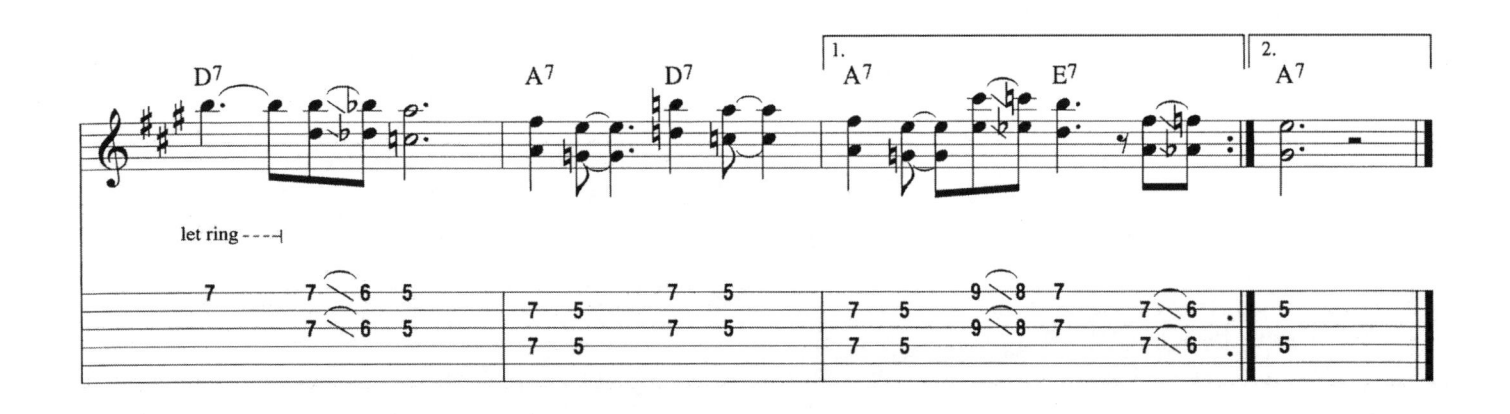

LIÇÃO 18

ESCALAS

Como combinar formas menores de escala e acordes

Nesta lição, vamos combinar algumas práticas de acorde com práticas de escala. Um conjunto de acordes I, IV, V, tanto dominante com sétima quanto menor com sétima, será fornecido para cada um dos cinco padrões das escalas pentatônicas menores. Os acordes estão localizados, basicamente, na mesma posição do padrão de escala fornecido. O método para praticar é bastante simples. Ele funciona da seguinte forma:

- Primeiro, começando com o padrão completo mais grave disponível em uma dada tonalidade, suba e desça a escala.
- Depois, toque os acordes I^7, IV^7 e V^7 (listados abaixo) que vão com esse padrão de escala.
- Toque a escala novamente.
- Agora, toque os acordes i^7, iv^7 e v^7 listados.
- Suba para o padrão seguinte e repita o procedimento.
- Faça isso em todo o braço do instrumento, em todas as tonalidades.

A seguir, você encontra uma lista de conjuntos de acordes para cada padrão. A posição de cada padrão de escala está marcada com um "x" fora do diagrama dos acordes.

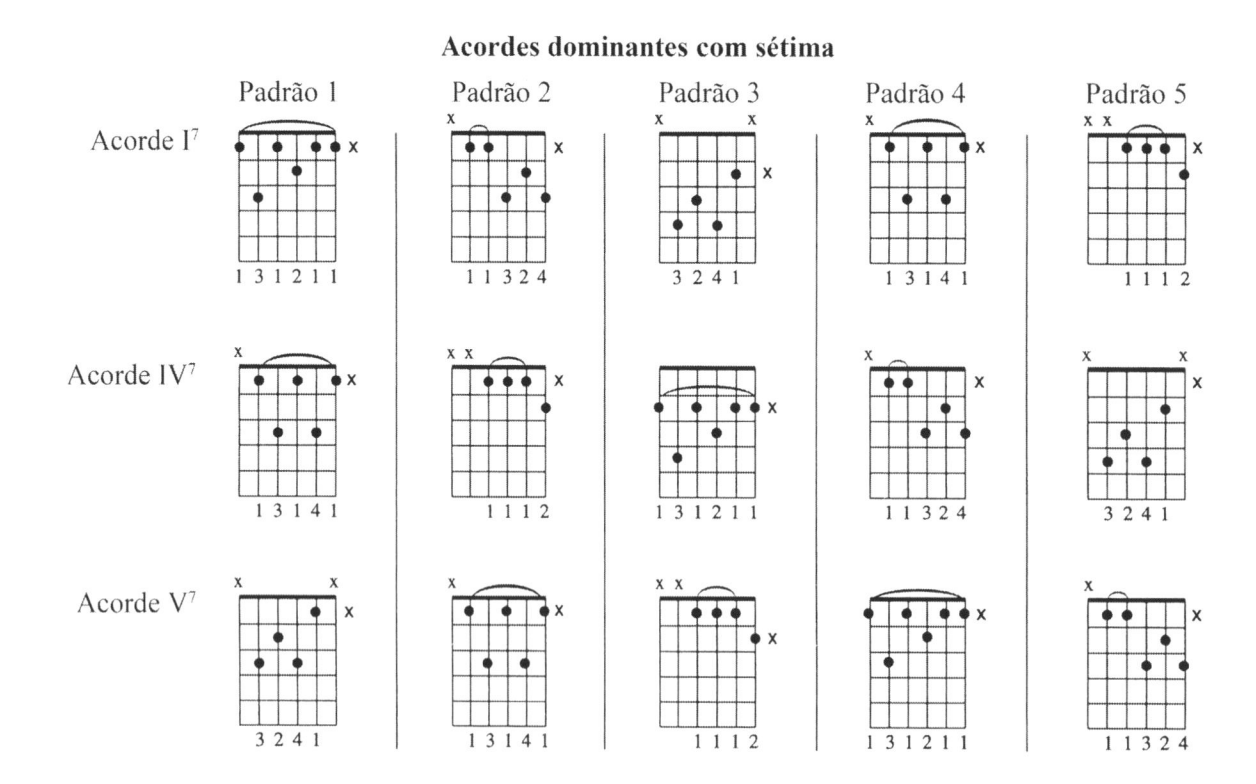

Acordes dominantes com sétima

Acordes menores com sétima

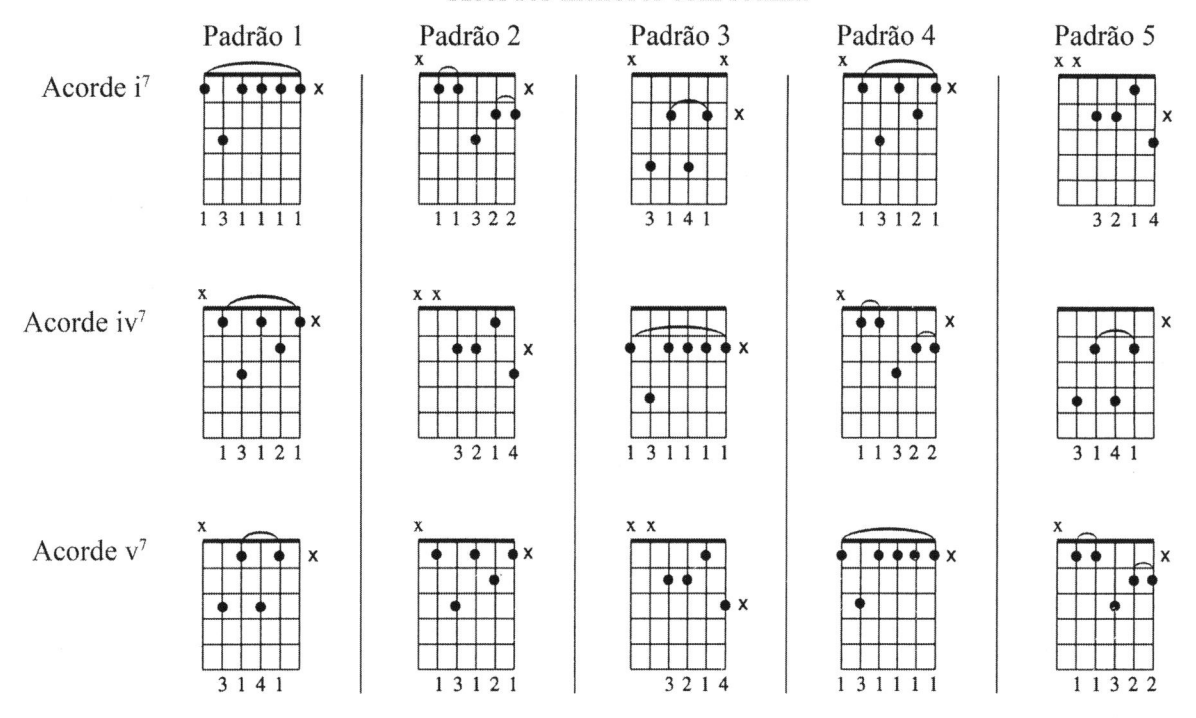

	Padrão 1	Padrão 2	Padrão 3	Padrão 4	Padrão 5
Acorde i⁷	1 3 1 1 1 1	1 1 3 2 2	3 1 4 1	1 3 1 2 1	3 2 1 4
Acorde iv⁷	1 3 1 2 1	3 2 1 4	1 3 1 1 1 1	1 1 3 2 2	3 1 4 1
Acorde v⁷	3 1 4 1	1 3 1 2 1	3 2 1 4	1 3 1 1 1 1	1 1 3 2 2

ACORDES E PROGRESSÕES

Apresentação dos acordes secundários nas progressões alternativas de blues

Nesta lição, vamos examinar outra progressão alternativa de blues. Ela faz uso abrangente dos acordes secundários.

Um acorde secundário é um acorde de uma tonalidade, diferente do acorde I, IV ou V.

Esses "outros" acordes são derivados da escala maior, da mesma forma que os acordes I, IV e V. A título de lembrança, os acordes I, IV e V (chamados de acordes primários) são construídos sobre os graus 1º, 4º e 5º da escala maior. Os acordes secundários são construídos sobre os graus restantes da escala: 2º, 3º, 6º e 7º.

Não vamos nos preocupar com o acorde construído sobre o 7º grau, pois ele não é utilizado com frequência no blues. A seguir, uma lista de acordes secundários para cada tonalidade. (Observe que eles são todos acordes menores com sétima.)

Tonalidade	ii⁷	iii⁷	vi⁷
Dó	Dm⁷	Em⁷	Am⁷
Sol	Am⁷	Bm⁷	Em⁷
Ré	Em⁷	F#m⁷	Bm⁷
Lá	Bm⁷	C#m⁷	F#m⁷
Mi	F#m⁷	G#m⁷	C#m⁷
Si	C#m⁷	D#m⁷	G#m⁷
Fá#/Sol♭	G#m⁷/A♭m⁷	A#m⁷/B♭m⁷	D#m⁷/E♭m⁷
Ré♭	E♭m⁷	Fm⁷	B♭m⁷
Lá♭	B♭m⁷	Cm⁷	Fm⁷
Mi♭	Fm⁷	Gm⁷	Cm⁷
Si♭	Cm⁷	Dm⁷	Gm⁷
Fá	Gm⁷	Am⁷	Dm⁷

Lembra-se dos turnarounds I⁷- vi⁷ - ii⁷ - V⁷ e I⁷-VI⁷-II⁷-V⁷? Os acordes vi⁷ e ii⁷ são acordes secundários, assim como VI⁷ e II⁷. Isso ilustra o fato de que os acordes podem ser alterados, transformando-os de menores com sétima em acordes dominantes com sétima.

A progressão a seguir ilustra o uso dos acordes secundários na tonalidade em Lá Maior. Observe o uso do acorde diminuto de passagem no compasso 6, assim como a progressão das lições 14 e 15.

Observe que você pode subtrair um semitom de um acorde secundário e usá-lo como um acorde de passagem entre os acordes da tonalidade. Veja os compassos 8 e 9, em que os acordes são iii⁷, ♭iii⁷, ii⁷. O acorde ♭iii está "passando" entre iii e ii.

Após aprender essa progressão na tonalidade em Lá Maior, transponha-a para as tonalidades em Sol Maior, Si Maior, Fá Maior e Ré Maior.

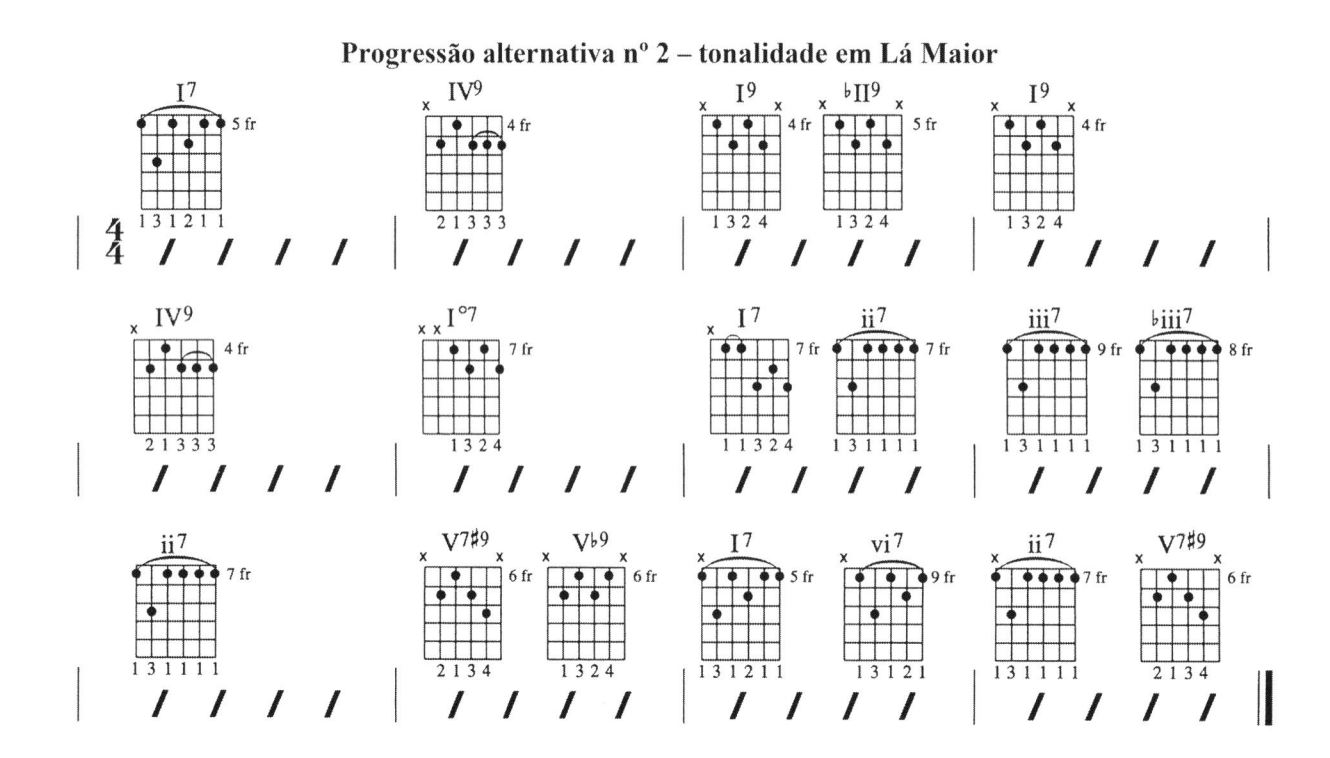

Progressão alternativa nº 2 – tonalidade em Lá Maior

ESTUDO

Hard rock baseado em blues

Este estudo está no estilo "blues-rock". São fornecidas as partes da guitarra rítmica e solo.

Na parte rítmica, observe o uso do acorde $I7^{\#9}$. Toque a parte solo primeiramente bem devagar, depois suba gradualmente a velocidade, depois de aprender a tocar em um andamento mais lento.

Para ouvir alguns exemplos do estilo blues-rock, ouça qualquer gravação de Stevie Ray Vaughan ou Johnny Winter.

HARD ROCKER (rítmica)

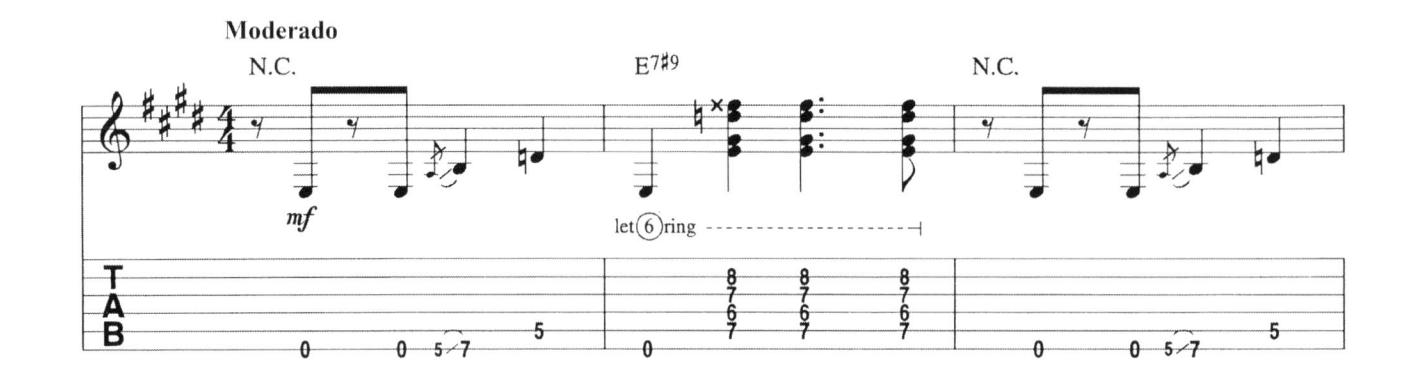

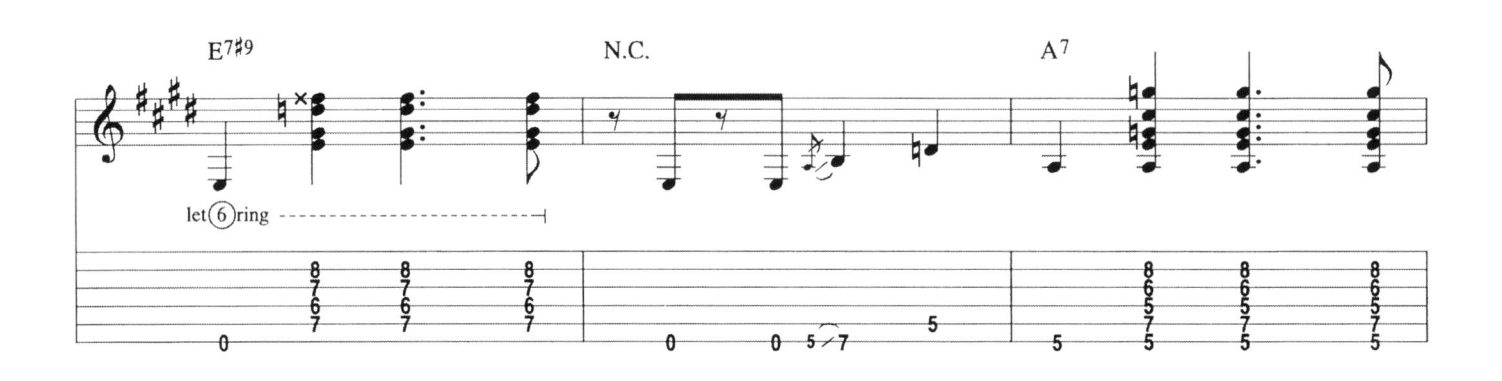

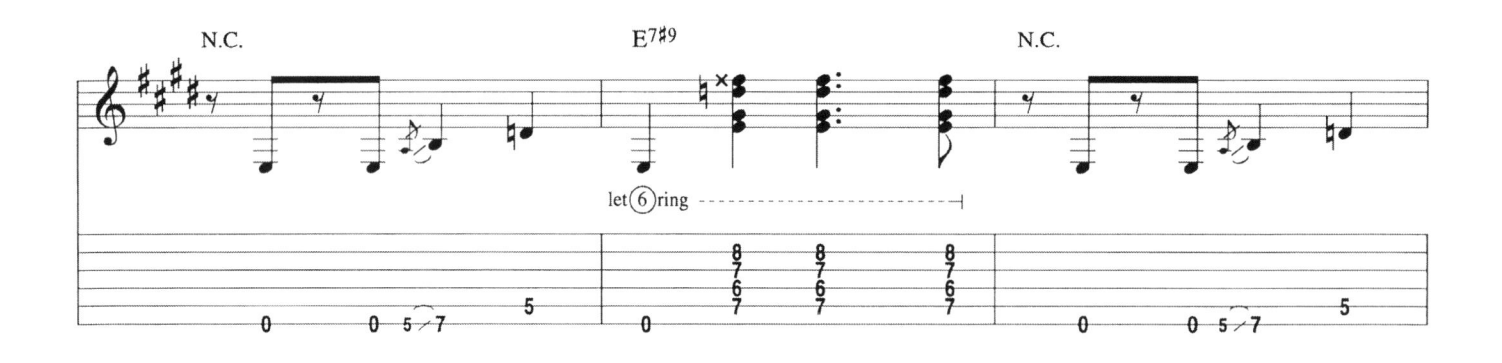

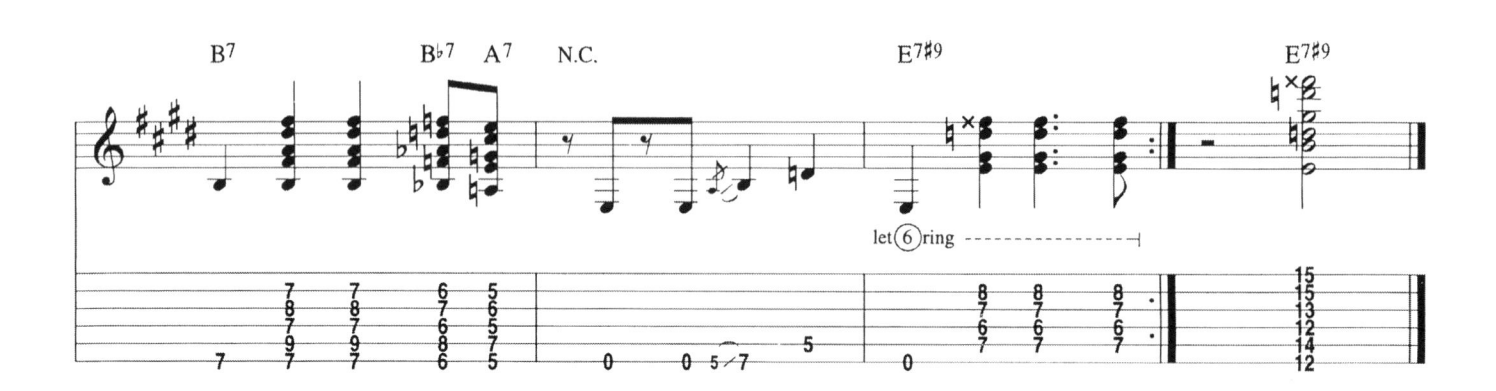

HARD ROCKER (solo)

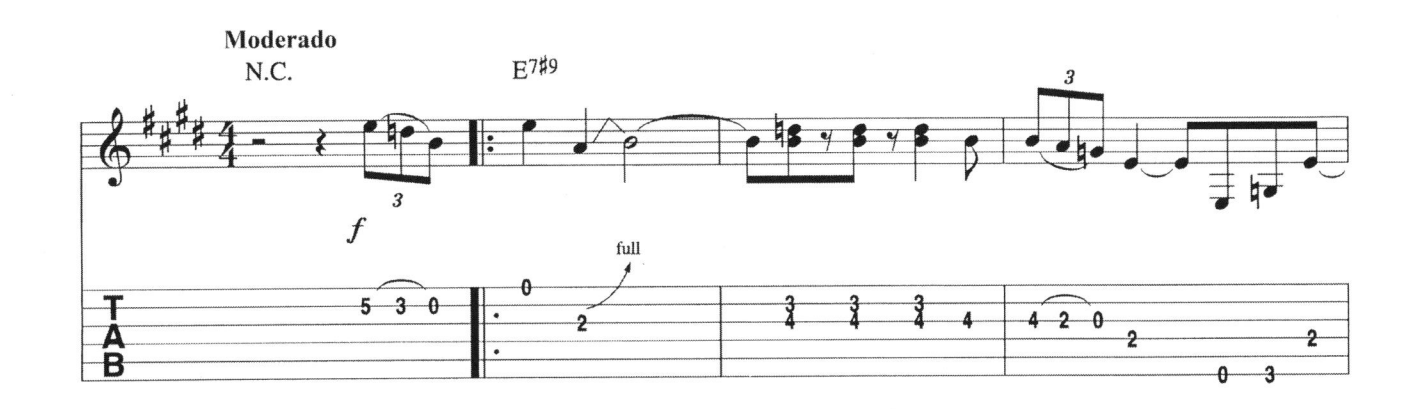

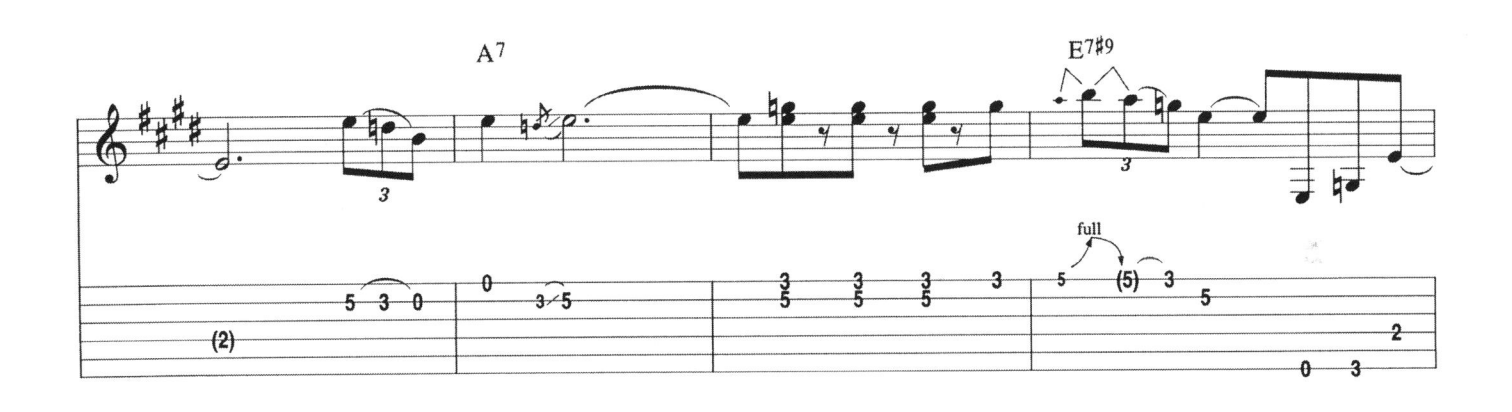

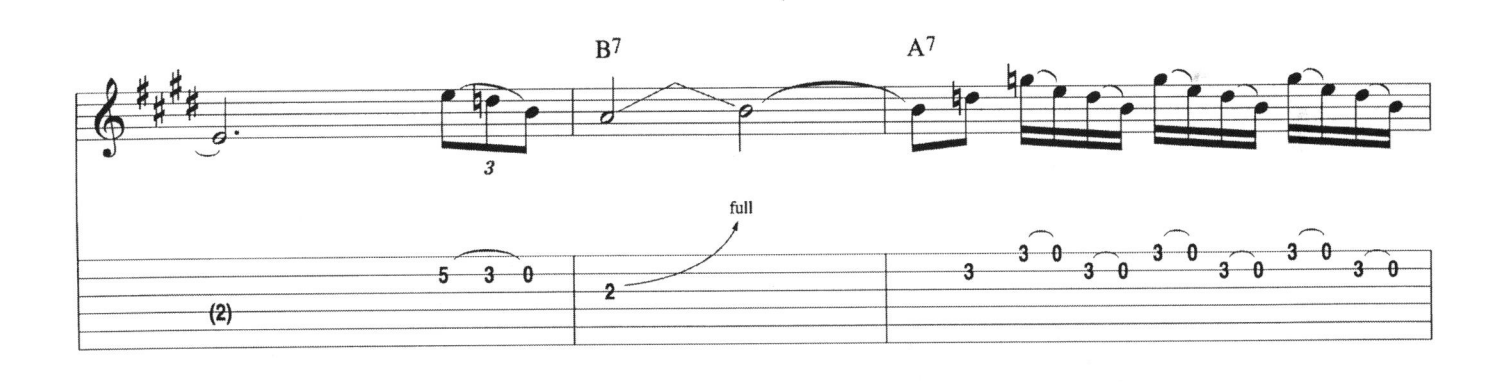

LIÇÃO 19

ESCALAS

Como combinar formas maiores de escala e acordes

Nesta lição, vamos continuar com a prática de combinação de acorde/escala iniciada na lição anterior. Agora, vamos usar a escala pentatônica maior.

Abaixo, você tem um conjunto de acordes maiores simples (sem sétimas) I, IV, V, para cada um dos padrões da escala pentatônica maior. Você também usará os acordes de sétima dominante fornecidos na lição 18. Eles corresponderão ao mesmo padrão de escala maior, ou seja, os acordes de sétima dominante que você usou para o Padrão 1 menor serão usados no Padrão 1 maior, e assim por diante.

Use o mesmo método de prática. Toque:

- a escala pentatônica maior;
- os acordes I, IV e V (sem sétimas);
- novamente a escala;
- os acordes de sétima dominante I, IV e V para este padrão (veja o conjunto completo na lição 18).

Faça isso em todas as tonalidades.

Adiante os conjuntos de acordes maiores (I, IV, V) para cada um dos padrões de escala pentatônica menor.

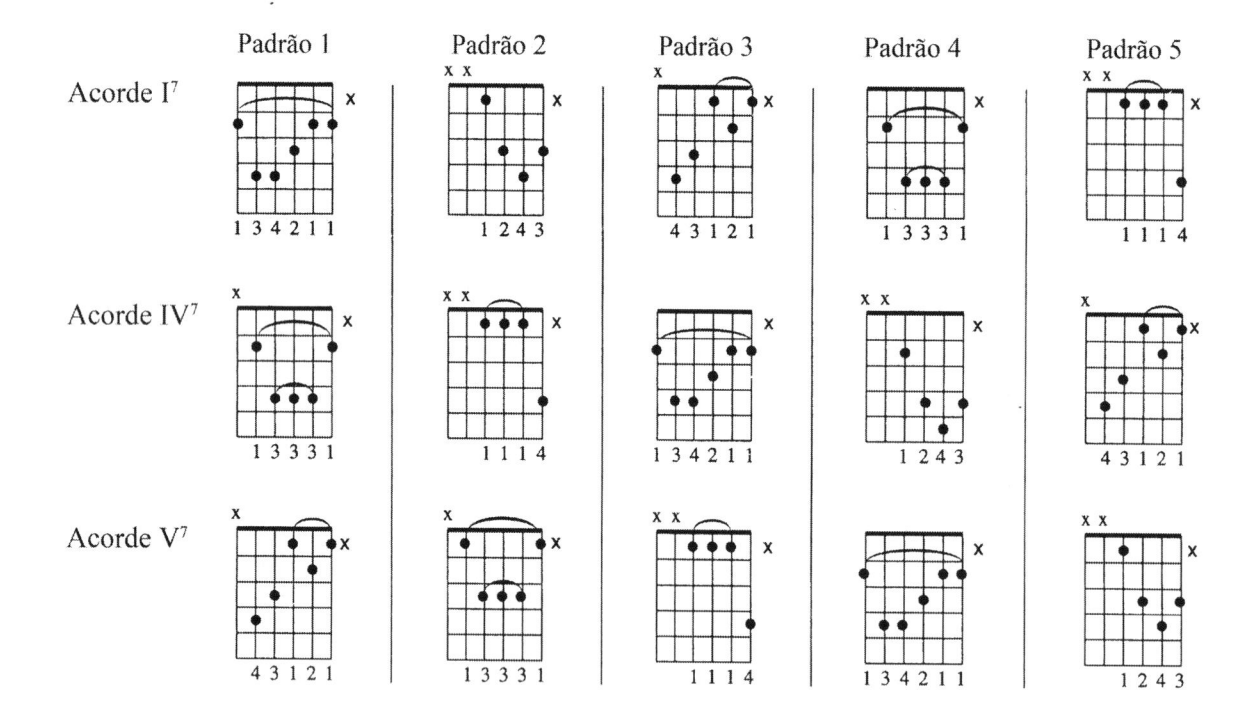

ACORDES E PROGRESSÕES

Mais progressões alternativas

Nesta lição, você aprenderá a progressão alternativa de blues da lição 18 usando um conjunto diferente de acordes. Ela está na tonalidade em Mi Maior. Observe que se trata da mesma progressão da lição 18, no que diz respeito aos numerais romanos e nomes dos acordes. Você só precisa mudar o conjunto de acordes usados. Depois de aprender essa progressão conforme escrita, transponha para as tonalidades em Sol, Fá e Ré maiores.

Ao aprender esse novo conjunto de acordes, você deve procurar outras maneiras de tocar os acordes secundários em relação aos acordes I, IV e V (primários).

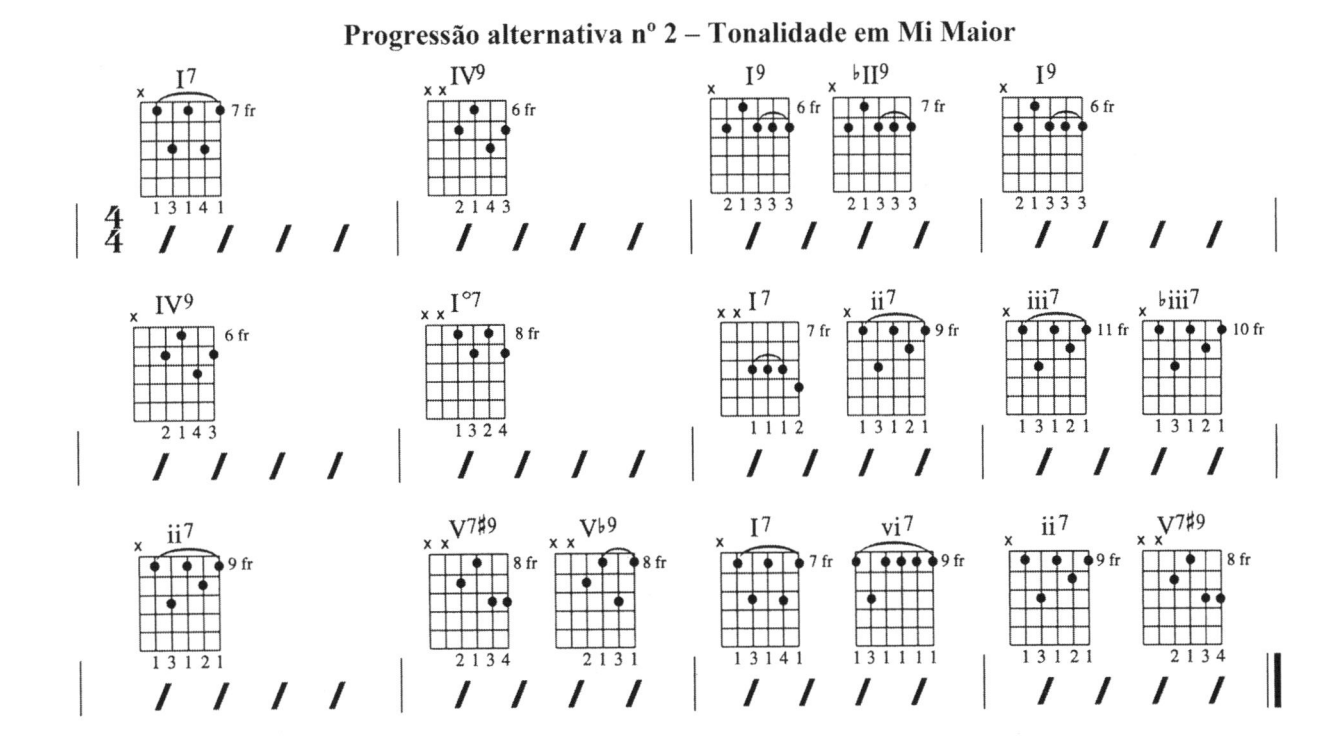

Progressão alternativa nº 2 – Tonalidade em Mi Maior

ESTUDO

Sons do início do rock

Vamos prosseguir com o estilo blues-rock no estudo desta lição, "Rockin' and Rollin'", na tonalidade em Lá Maior. Ele é o estudo, até agora, mais desafiador tecnicamente.

O estudo se inicia com uma introdução de 4 compassos. No primeiro compasso da introdução, toque sobre o acorde V (E⁷). A escala usada é a pentatônica menor em Mi. No segundo compasso, toque a pentatônica menor em Ré sobre o acorde IV (D⁷). Nos compassos 3 e 4, toque a escala pentatônica menor em Lá (na escala da tonalidade), primeiro sobre o acorde I do compasso 3 e os três primeiros tempos do compasso 4, terminando a introdução no acorde V, ainda na escala da tonalidade.

O corpo principal da música permanece na escala pentatônica menor em Lá.

Observe a utilização das terças em toda a peça. Observe também que nos compassos 9 e 10 existem alguns bends sem uma nota especificada sobre o local do bend. Essa notação manda que seja feito o bend apenas em ¼ de tom.

Após tocar a música duas vezes, você encontrará um tag ending ("frase feita").

> Um tag ending é um riff final, figura melódica, conjunto de acordes etc. adicionado ou "colado" no final da música.

Esse final é essencialmente igual à introdução, com algumas mudanças nas últimas notas para que ele termine no acorde final I, em vez do acorde V. Os acordes são dados na música.

Para inúmeros exemplos nesse estilo, ouça qualquer gravação de Chuck Berry.

ROCKIN' AND ROLLIN'

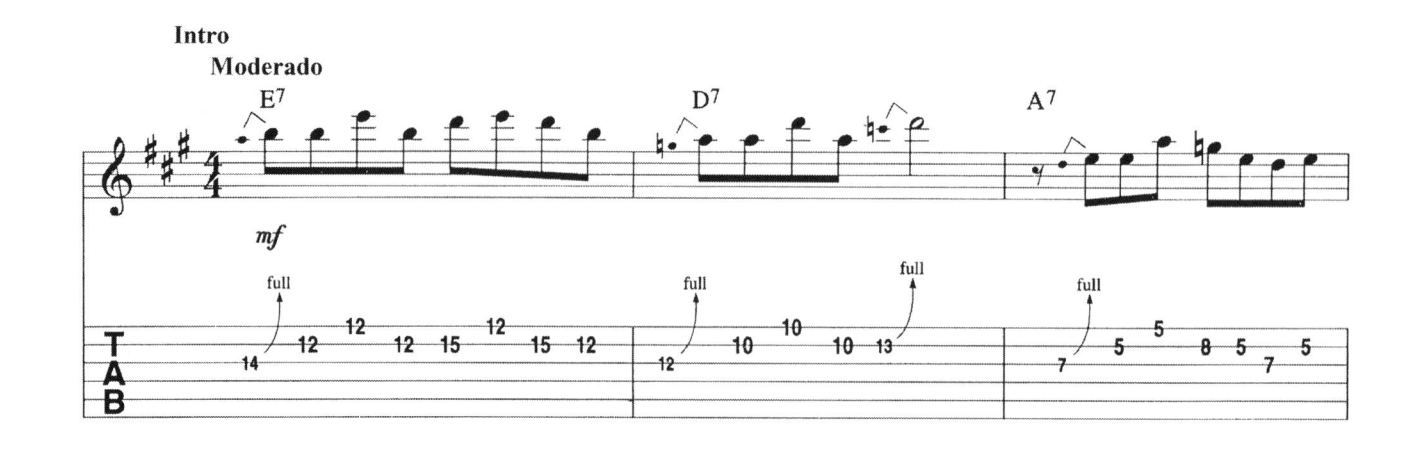

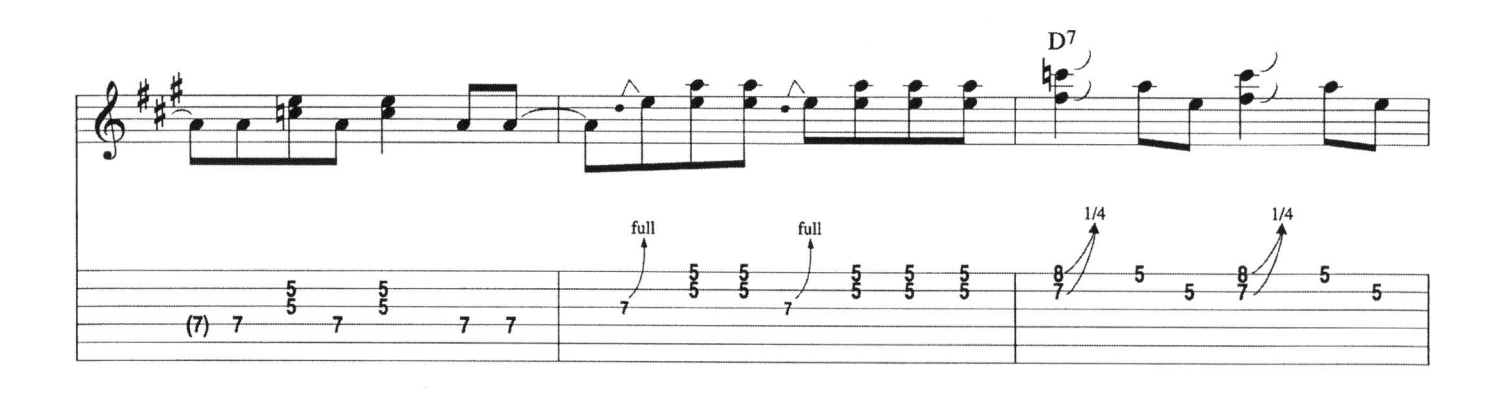

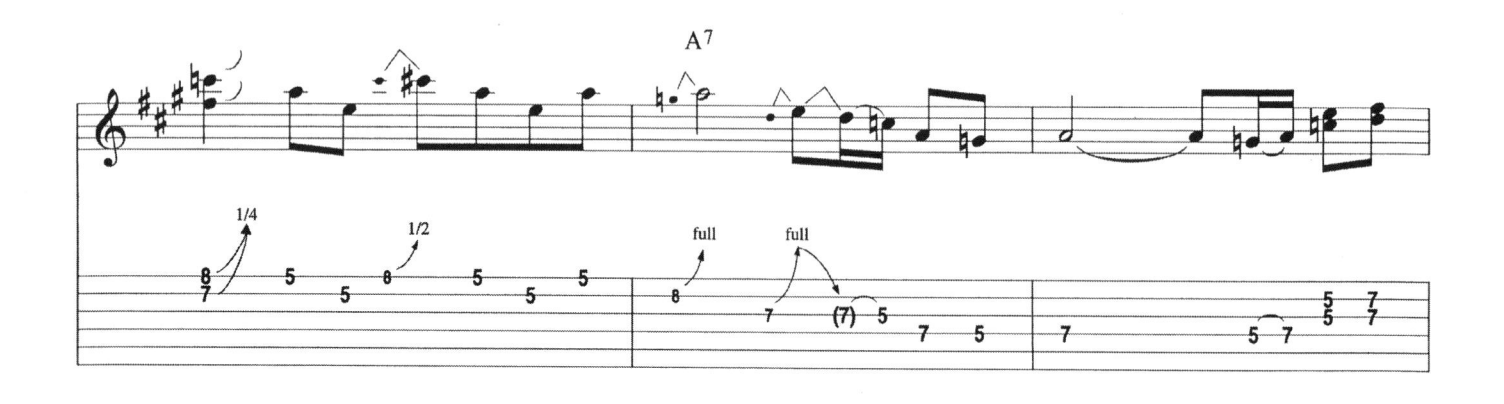

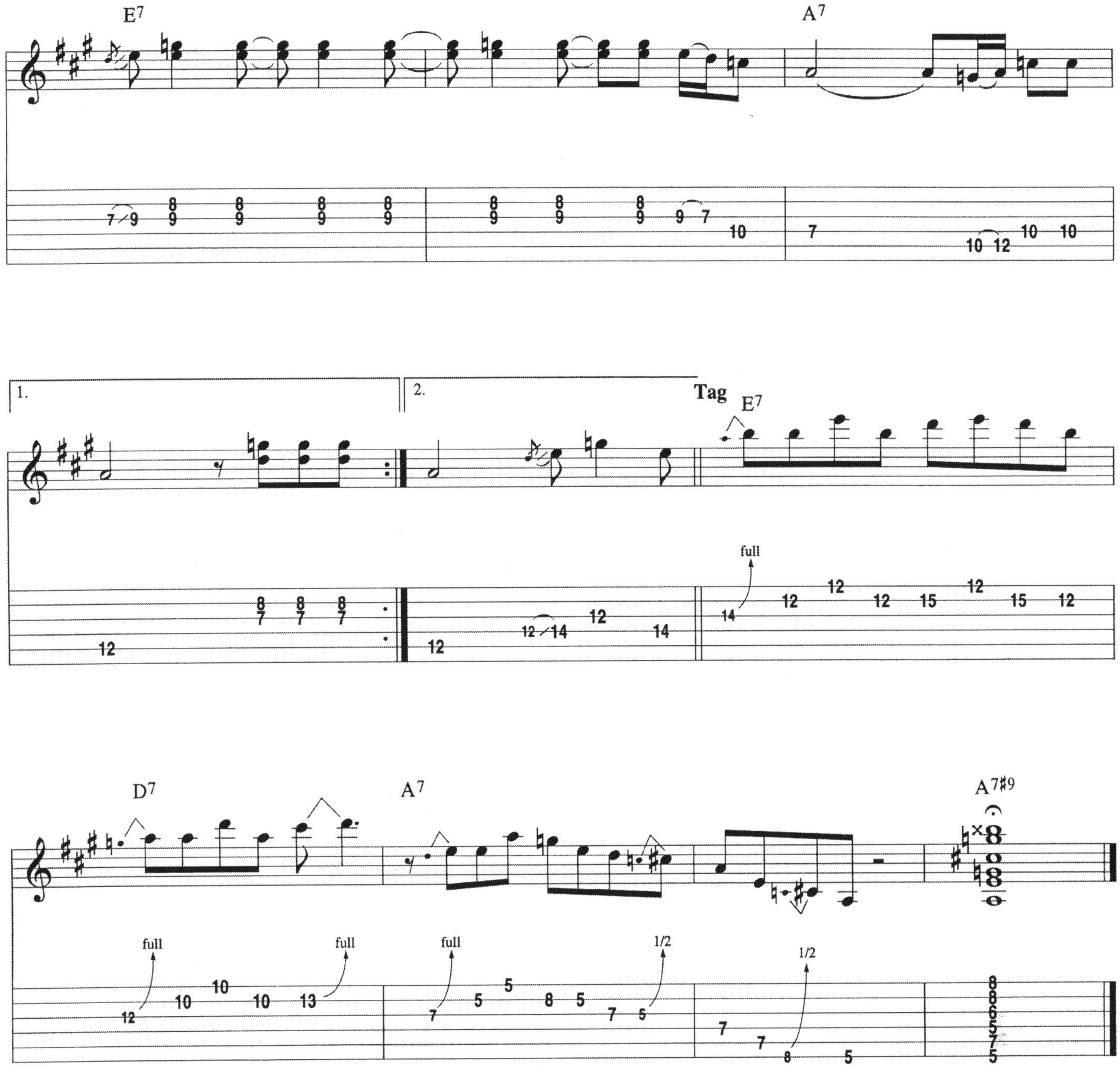
E7
A7
1.
2.
Tag
E7
full
D7
full
full
A7
full
1/2
1/2
A7♯9

LIÇÃO 20

ESCALAS

Como aumentar a velocidade

Nas lições anteriores, você aprendeu várias maneiras de como praticar as escalas pentatônicas maiores e menores. Você deve continuar sua prática diária de escalas. Você pode alternar entre os vários métodos de prática fornecidos neste livro e deve praticar as escalas todos os dias.

Há um aspecto do estudo de escalas que foi negligenciado de propósito até o momento: a velocidade. Na primeira lição, instruímos a praticar devagar e de forma limpa, e é assim que você deve começar. Até aqui, no entanto, você deve ter desenvolvido uma técnica muito regular, limpa e uniforme. Partindo-se dessa suposição, você deve começar, então, a trabalhar a velocidade.

A técnica para aumentar a velocidade é simples. Ela envolve mais paciência do que qualquer outra coisa, e há a necessidade de um metrônomo.

> Metrônomo é um dispositivo que marca o ritmo de forma parecida com um relógio, oferecendo um tempo regular. Ele tem um controle que permite variar a velocidade. Há vários tipos. Eles estão disponíveis em modelos de corda (mola), elétrico ou eletrônico. A maioria das lojas de instrumentos musicais tem uma grande variedade de modelos.

Primeiro, encontre a velocidade mais rápida na qual você consegue tocar as escalas de forma uniforme e limpa, sem hesitação ou erros. Depois, encontre esse andamento no metrônomo usando uma batida ou clique do metrônomo para cada duas notas tocadas. Certifique-se de tocar as notas de maneira uniforme com o metrônomo e de que cada segunda nota seja tocada exatamente na batida do metrônomo, da seguinte maneira:

Batidas do metrônomo: 1   2   3   4   etc.

Você toca: 1   e   2   e   3   e   4   etc. (8 notas para cada 4 batidas)

Você, provavelmente, vai perceber que consegue tocar mais rápido um padrão de escala comum do que em pares de cordas. Nesse caso, encontre um andamento para cada um deles. Assim que definir um bom andamento (ou andamentos), pratique suas escalas por uma semana nessa velocidade. Passe o tempo tocando um padrão por vez e usando pares de cordas. Faça isso diariamente.

Após uma semana de prática no primeiro andamento, aumente a velocidade do metrônomo em, apenas, 5 a 10 por cento. Observe como você vai conseguir tocar na nova velocidade. Você deve se sentir um pouco "pressionado", mas ainda conseguir tocar de forma limpa. Se esse não for o caso, aumente ou reduza o andamento do metrônomo.

Agora, pratique por uma semana inteira nesse novo andamento. Continue aumentando a velocidade semanalmente da mesma maneira: sempre em 5 a 10 por cento do andamento atual do metrônomo.

Se você conseguir tocar mais rápido do que o metrônomo consegue chegar, corte o andamento pela metade e toque quatro notas em cada tempo. Lembre-se, no entanto, de que em cada velocidade, você deve manter um som claro e regular. Se o som estiver um pouco irregular ou você estiver cometendo erros, reduza a velocidade.

Antes de trabalhar em sua rotina de velocidade, o aquecimento com algumas escalas mais lentas e fáceis, apenas para acostumar seus dedos, torna-se uma boa ideia.

ACORDES E PROGRESSÕES

Revisão completa de acordes e como e quando usá-los

Você examinou uma série de progressões alternativas de blues usando alguns novos acordes em cada uma delas. Nesta lição, você encontrará uma tabela de acordes que pode ser usada no blues. Estão incluídos os diagramas de acordes e onde eles podem ser usados, como para I^7, IV^7, V^7 ou i^7, iv^7 etc. As notas fundamentais são indicadas por quadrados. (Observe que a fundamental é omitida em algumas formas de acordes.)

Trabalhe todos os acordes desta seção e tente usá-los nas progressões conhecidas. Na lição seguinte, vamos examinar algumas progressões adicionais, as quais você pode usar com os acordes desta lição.

Acordes dominantes com sétima
Use para I, IV ou V ou para acordes secundários (se for indicado dominante)

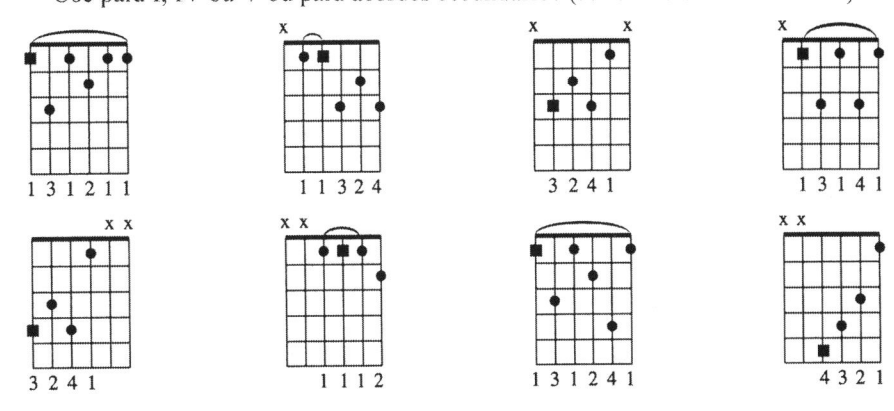

Acordes com sétima menor
Use para i, iv ou v ou para acordes secundários

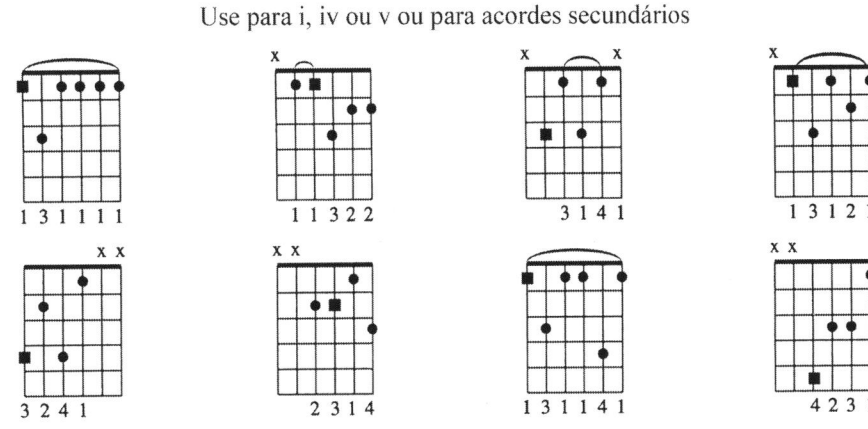

Acordes com nona
Use onde os acordes dominantes com sétima podem ser usados

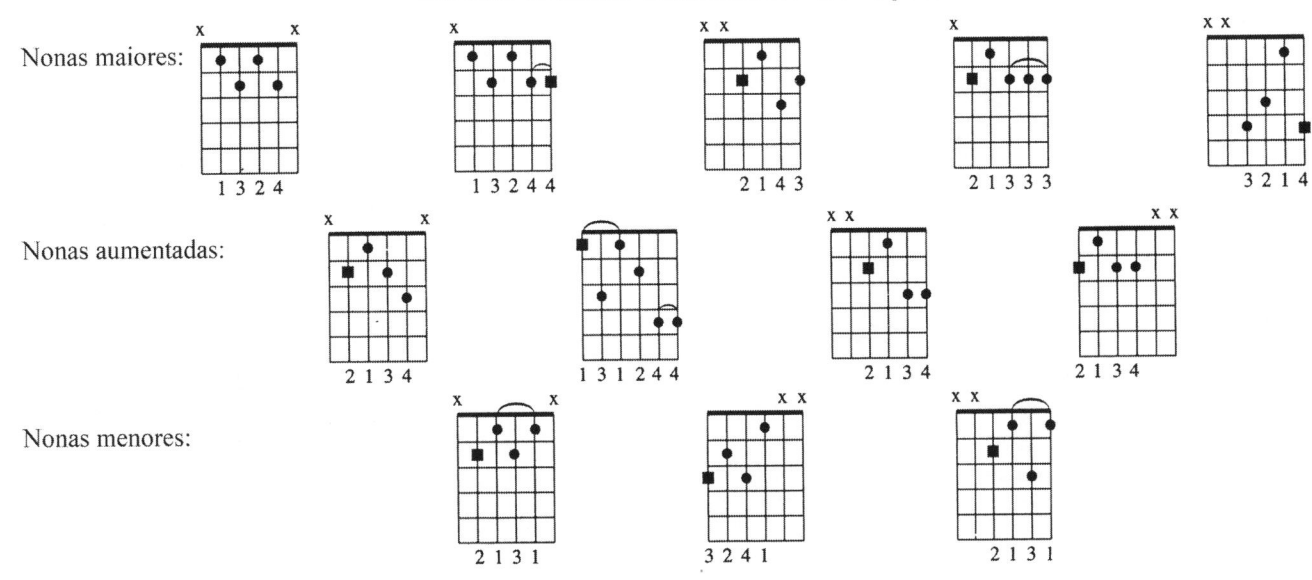

Nonas maiores:

Nonas aumentadas:

Nonas menores:

87

Acordes com décima terceira
Use onde os acordes dominantes com sétima podem ser usados

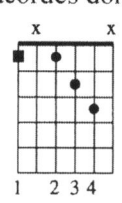

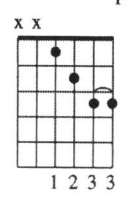

ESTUDO

Trilos e figuras repetidas no estilo do Delta

Este estudo é parecido com o da lição 6, "Delta Mood". Ele também está na tonalidade em Mi Maior e usa a corda aberta grave Mi (6ª corda) como um bordão durante a maior parte da música. "Delta Child" também apresenta um novo expediente: o trilo.

> Trilo é composto por duas notas, geralmente próximas, tocadas alternadamente, uma por vez, durante um dado período de tempo. Os trilos são, geralmente, tocados rapidamente e de maneira uniforme.

Na guitarra, os trilos são tocados com ambas as notas na mesma corda. A primeira nota é palhetada e o resto do trilo é executado com hammer-ons e pull-offs. Nos trilos longos (que podem ter dois, quatro ou mais compassos), você pode palhetar em cada tempo forte e sempre que desejar um acento.

O primeiro trilo, neste estudo, está no compasso 1, na 4ª corda. As duas notas tocadas são o Ré (corda solta) e o Mi (2º traste). Você palheta o Ré solto, faz o hammer-on no Mi, pull-off no Ré, hammer-on no Mi etc., por dois tempos inteiros.

Isso é feito muito rapidamente, tocando seis ou oito notas por tempo, dependendo da velocidade que você consegue tocar o trilo.

Há um trilo no compasso 2 que dura apenas um tempo. O trilo seguinte está no compasso 8 e na 2ª corda.

Todos os trilos estão no Padrão 1 da escala pentatônica menor, mas você pode fazer o trilo entre quaisquer duas notas que soem bem. Experimentar outros trilos em todos os padrões, tanto menores quanto maiores.

Alguns excelentes exemplos de trilos em blues podem ser encontrados no álbum It Serves you Right to Suffer, de John Lee Hooker; "Voodoo Chile", de Jimi Hendrix, em Electric Ladyland; e "Hoenybee", de Muddy Waters, em More Real Folk Blues.

DELTA CHILD

90

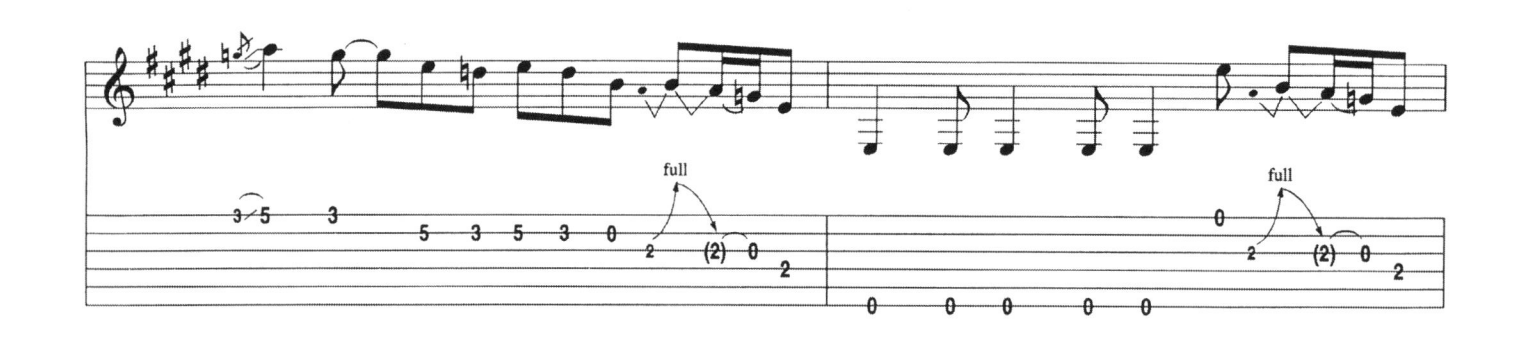

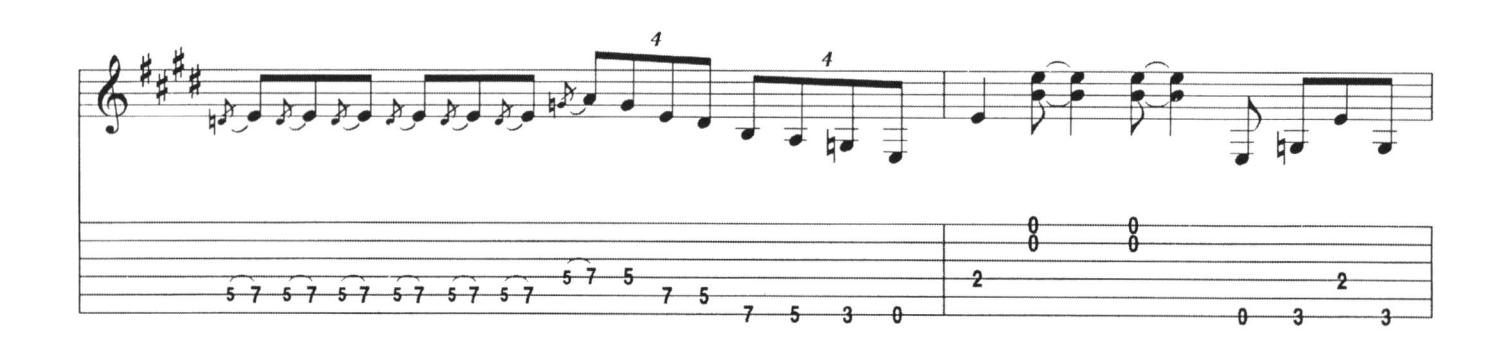

LIÇÃO 21

ESCALAS

Como usar padrões de escala

Agora, você está bem a caminho de dominar as escalas pentatônicas. Continue com sua prática diária por pelo menos seis meses. Na realidade, a rotina diária de escalas é uma maneira excelente de manter seus dedos ágeis e sua habilidade. Muitos músicos profissionais continuam a praticar escalas por toda a carreira.

Nesta lição final, vamos focar em saber como usar os vários padrões de escalas. Há duas abordagens:

- encontrar similaridades entre os padrões;
- tocar licks e músicas em padrões diferentes uns dos outros.

Primeiro, vamos examinar as similaridades. A única diferença entre os padrões é como as cinco notas da escala pentatônica estão organizadas e qual alcance de oitava eles têm. Em outras palavras, as notas mais graves e agudas são diferentes em cada padrão, mas eles contêm as mesmas notas em termos de nome.

Por isso, todos os diferentes padrões de escala contêm padrões de notas similares. Observe, como exemplo, alguns padrões de nota no Padrão 1 da escala pentatônica menor na tonalidade em Lá Maior e localize esses mesmos padrões em outras formas.

O primeiro exemplo ilustra como os Padrões 1 e 4 são muito similares. Observe que as notas nas cordas 6 a 2 do Padrão 1 são exatamente as mesmas notas na corda 5 a 1 no Padrão 4. Toque o exemplo a seguir e preste atenção.

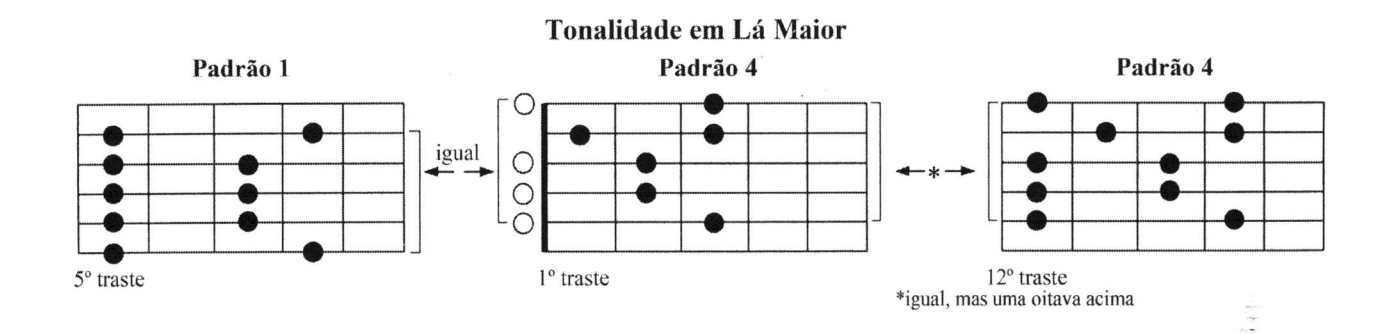

Tonalidade em Lá Maior

Padrão 1 — 5º traste

igual

Padrão 4 — 1º traste

←*→

Padrão 4 — 12º traste

*igual, mas uma oitava acima

Agora, observe alguns segmentos menores do Padrão 1 e localize-os em outros padrões (ainda na tonalidade em Lá Maior).

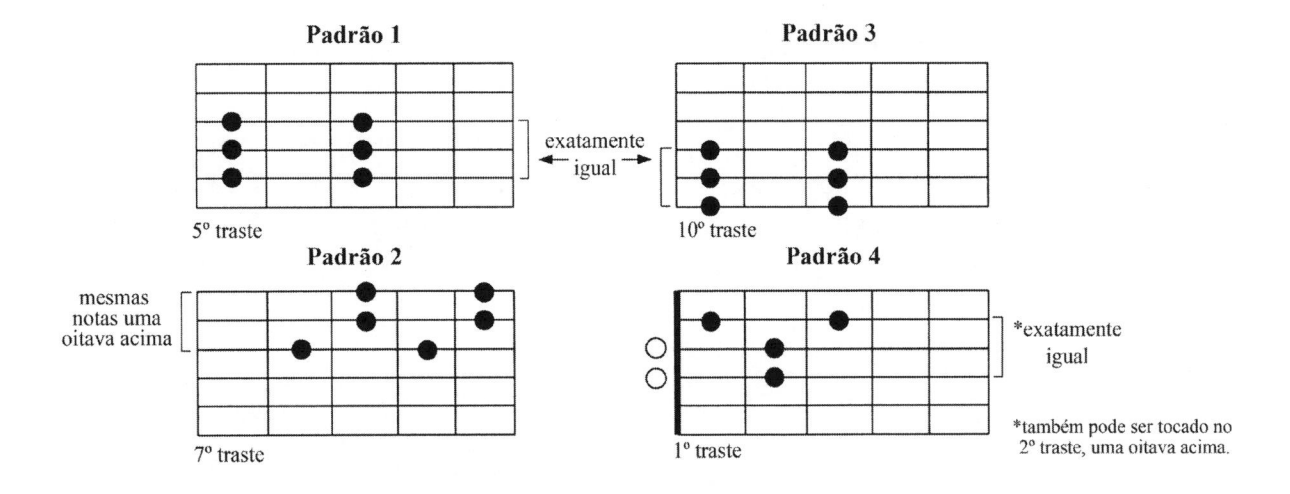

Padrão 1 — 5º traste

exatamente igual

Padrão 3 — 10º traste

mesmas notas uma oitava acima

Padrão 2 — 7º traste

Padrão 4 — 1º traste

*exatamente igual

*também pode ser tocado no 2º traste, uma oitava acima.

Observação: embora o Padrão 5 contenha as notas acima, elas estão organizadas de maneira diferente. Então, a configuração não é a mesma (veja a página seguinte).

Padrão 5

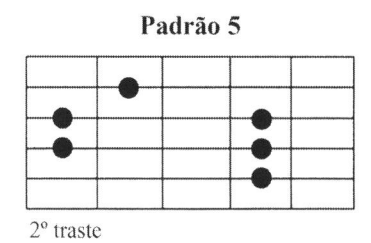

2° traste

Observe que no padrão 5 da escala, o agrupamento abrange quatro e não três cordas, e que as cordas 5ª e 2ª contêm apenas uma nota cada.

Observe mais um grupo na tonalidade em Lá Maior.

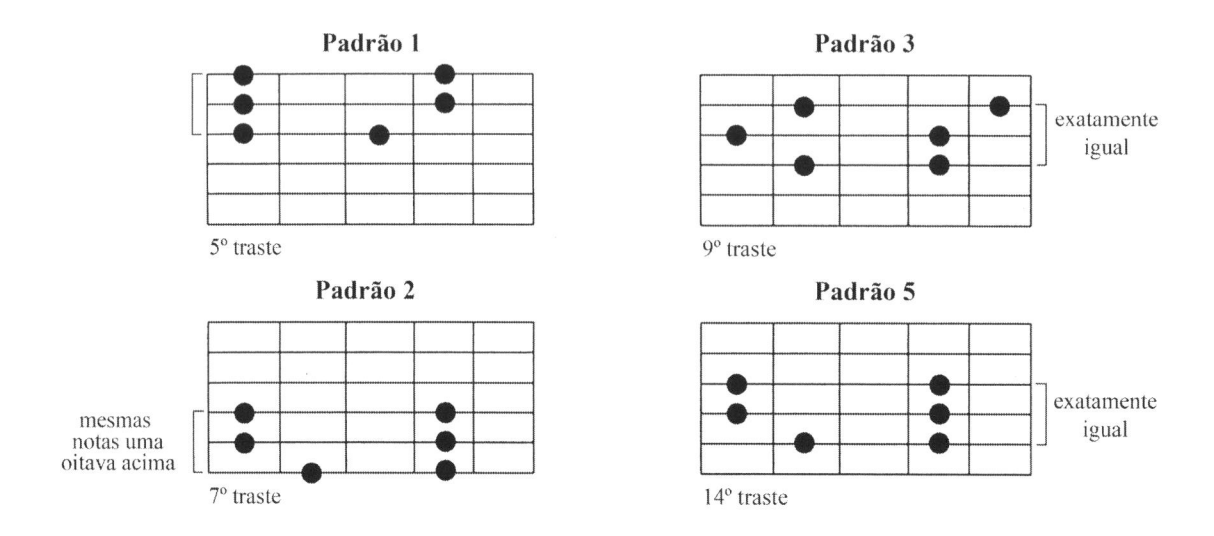

Padrão 1

5° traste

Padrão 3

9° traste — exatamente igual

Padrão 2

mesmas notas uma oitava acima

7° traste

Padrão 5

14° traste — exatamente igual

Observe que no Padrão 4 as notas estão organizadas de forma diferente (veja abaixo).

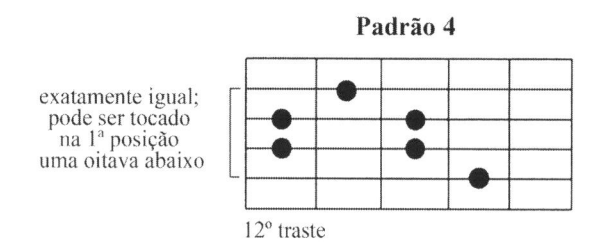

Padrão 4

exatamente igual; pode ser tocado na 1ª posição uma oitava abaixo

12° traste

Neste momento, você deve estar percebendo que há várias configurações possíveis. Tente encontrar, sozinho, algumas.

Isso nos leva para a segunda abordagem para aprender a usar esses padrões de escala: tocar licks e mesmo músicas inteiras em padrões diferentes daqueles que você conhece. Como exemplo, veja o estudo da lição 4, "Swinging the Blues", em um padrão diferente. Ele foi escrito, originalmente, na tablatura no Padrão 1 (no 5° traste). Agora, ele está fornecido no Padrão 3, usando exatamente as mesmas notas, mas na 10ª posição.

É um pouco complicado de se tocar, mas é um exercício que, realmente, vale o esforço.

SWINGING THE BLUES (Padrão 3)

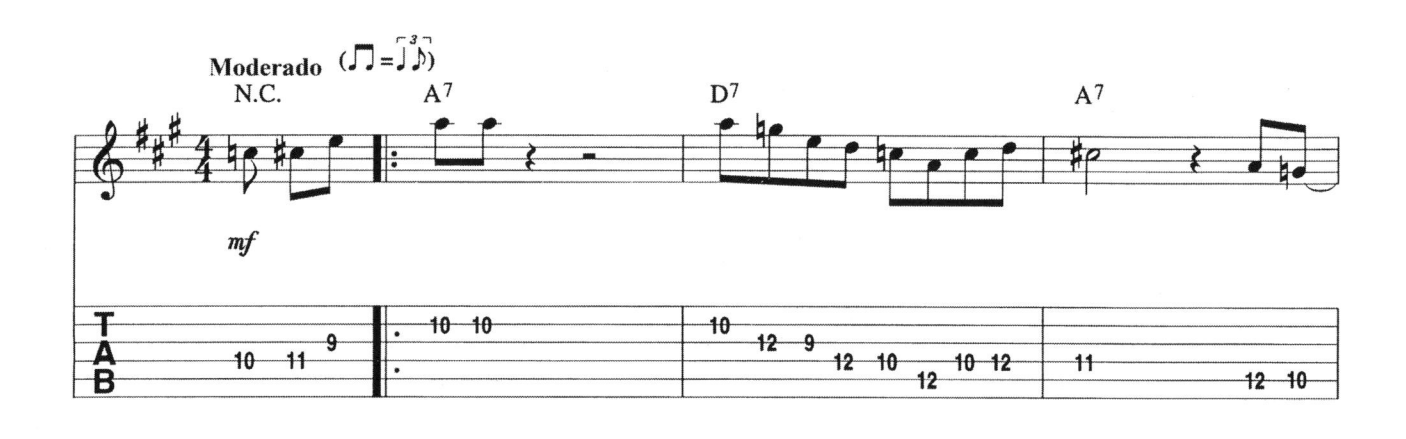

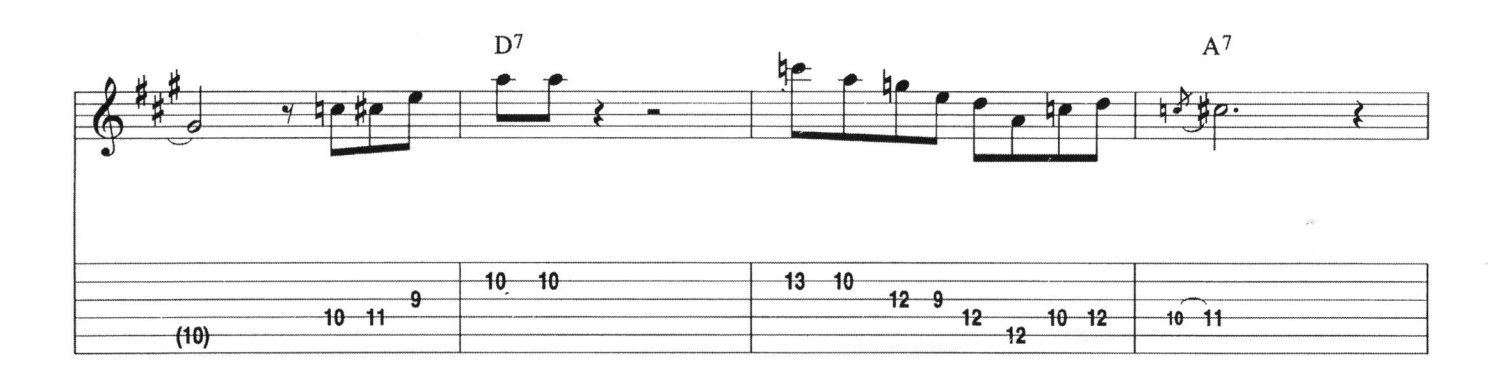

Após aprender a música no Padrão 3, tente os seguintes estudos nas posições sugeridas:

- Estudo 8, usando os Padrões 3 e 4 em vez do 1 e 2.
- Estudo 9, usando os Padrões 3 e 4 em vez do 1 e 2.
- Estudo 10, inteiro, no Padrão 1.

Tente com outro estudo, inteiro ou uma parte dele. Além disso, aprenda qualquer um de seus licks e riffs em diferentes posições, mesmo se as notas estiverem organizadas de forma diferente.

ACORDES E PROGRESSÕES

Mais progressões alternativas

Na lição 20, você recebeu conjuntos amplos de vários tipos de acordes. Agora, observe mais duas progressões alternativas de blues de 12 compassos, usando esses acordes. Você pode usar substituições apropriadas dos conjuntos na lição 20 para os acordes dados nessas duas progressões. Por exemplo: qualquer acorde com sétima pode ser substituído por um acorde com nona ou décima terceira de mesmo nome, desde que soe bem.

Tenha em mente os princípios de condução de vozes apresentados na lição 3 ao substituir acordes. Você deve fazer as mudanças de acorde da forma mais suave possível.

Você também pode tocar mais de um tipo de acorde no mesmo compasso em que haja apenas um indicado. O exemplo a seguir ilustra a situação.

Mudanças de acordes dadas				Outros tipos de acordes adicionados							
I^9	IV^9	I^9	I^9	I^9 I^{13} I^7	IV^7 IV^9	I^9	I^{13}	I^7	I^9		

Observe, nas duas progressões a seguir, o uso de acordes secundários e, em especial, o uso de acordes secundários maiores. Lembre-se de que os acordes ii, iii e vi são, normalmente, acordes menores. Eles podem se transformar em maiores e funcionar, tecnicamente, como algo diferente de um acorde da tonalidade.

Você pode encontrar os acordes secundários na tabela na lição 18 e, encontrando a fundamental, tocar qualquer acorde que esteja indicado. Por exemplo: na progressão alternativa 3, compasso 8, é dado um acorde $VI^{7\#9}$. Na tabela de acordes secundários, você vai perceber que o acorde "vi", na tonalidade em Lá Maior é um F♯m (ou menor com sétima). Simplesmente toque um acorde $F\sharp^{7\#9}$ em vez disso.

Após aprender as progressões a seguir, tente usar alguns dos acordes da lição 20 como substitutos. Use nonas e décimas terceiras no lugar de sétimas (ou acrescentando a eles) e vice-versa. Observe quais as substituições que são e as que não são de seu agrado.

Após ter feito tudo isso na tonalidade em Lá Maior, transponha as progressões para outras tonalidades (próximas e distantes), com e sem substituições. O objetivo deste estudo é que você consiga aprender bem os acordes e possa substituí-los espontaneamente ao tocar.

Progressão alternativa nº 3 – tonalidade em Lá Maior

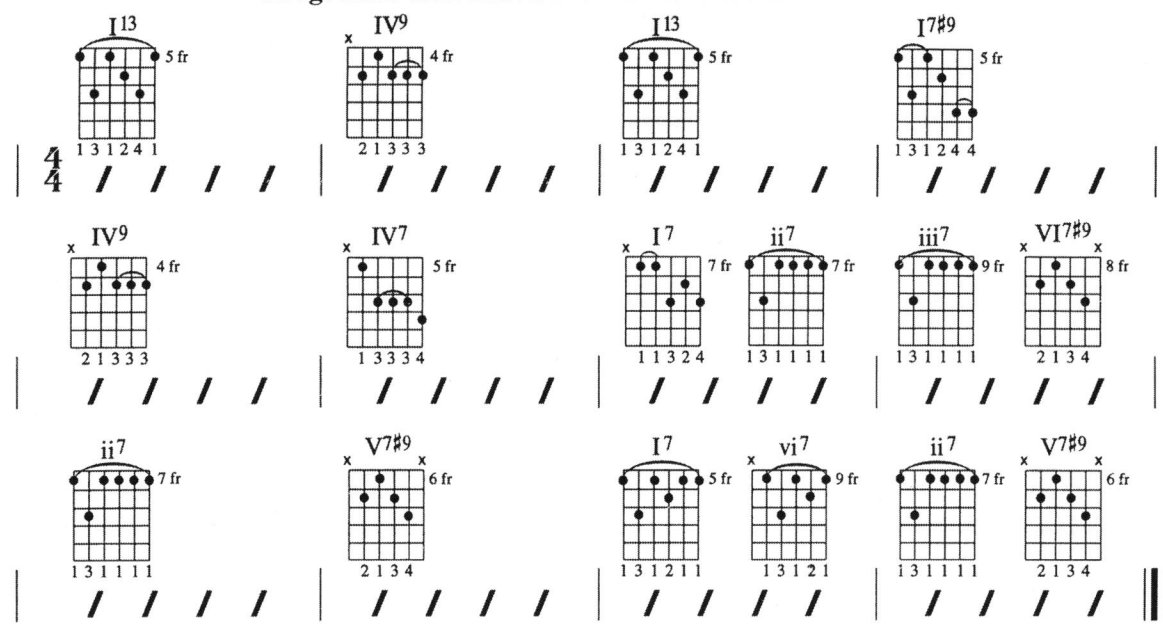

Progressão alternativa nº 4 – tonalidade em Lá Maior

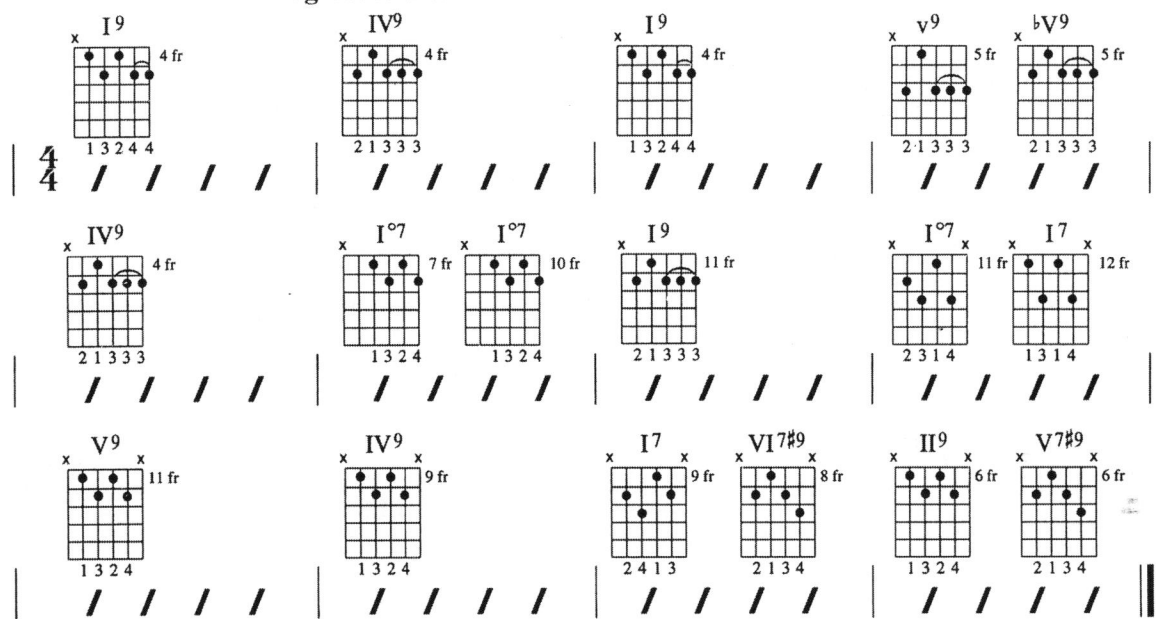

ESTUDO

Como tocar usando todo o braço do instrumento

O estudo final deste livro, "All Forms Blues", passa por todos os cinco padrões da escala pentatônica menor. O objetivo é fazer as mudanças de posição da forma mais suave possível. Tente "fluir" através delas.

A sucessão de bends nos compassos 4 e 6 soam cheias em volume, criando tensão, o que é liberada nas primeiras notas dos compassos seguintes (5 e 7, respectivamente).

O segundo final é, novamente, um final marcado, também chamado de coda, e deve ser tocado livremente, fora do andamento.

Ele está escrito em uma progressão de 12 compassos em Sol Maior.

Ao término deste estudo, você estará preparado para improvisar seus próprios solos. Pegue os licks e as ideias que você aprendeu neste livro e transforme-os para que sejam seus.

ALL FORMS BLUES

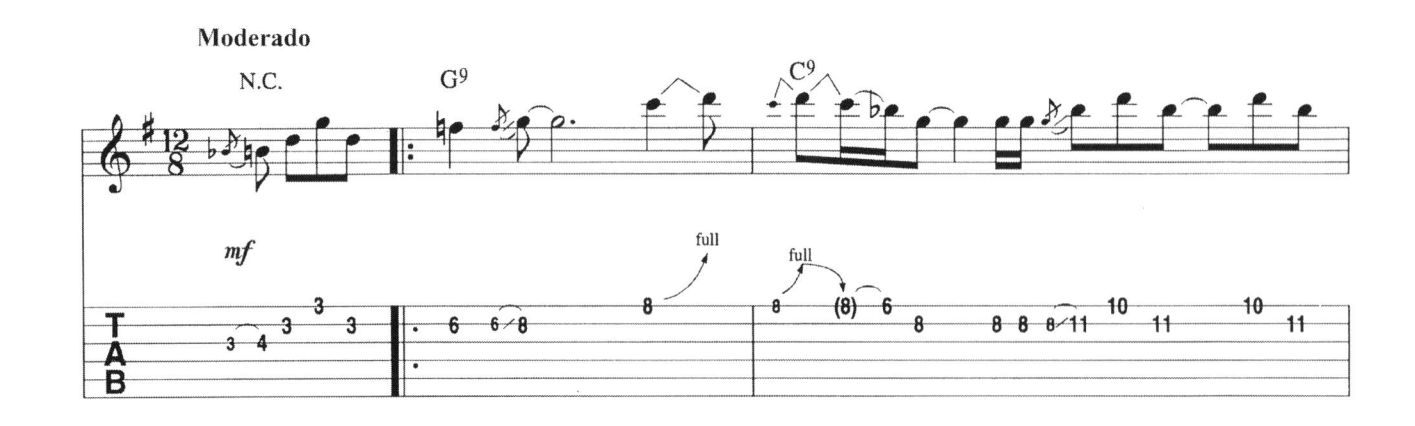

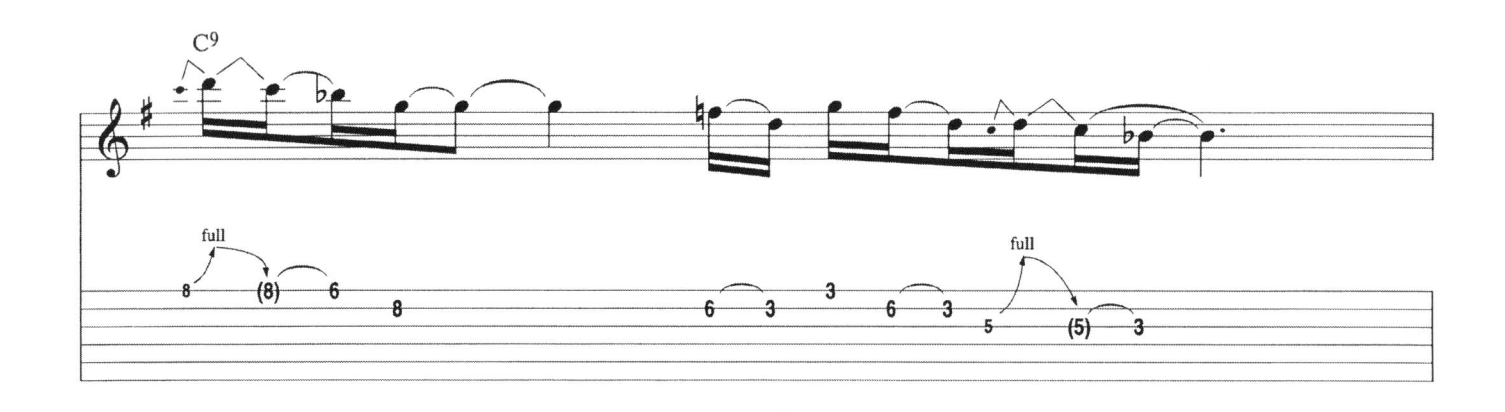

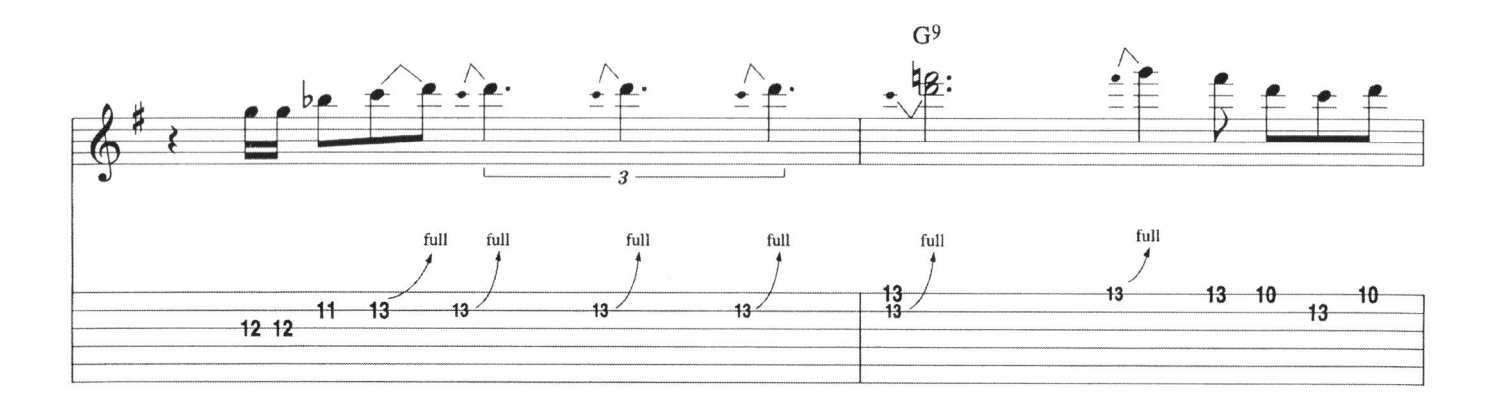

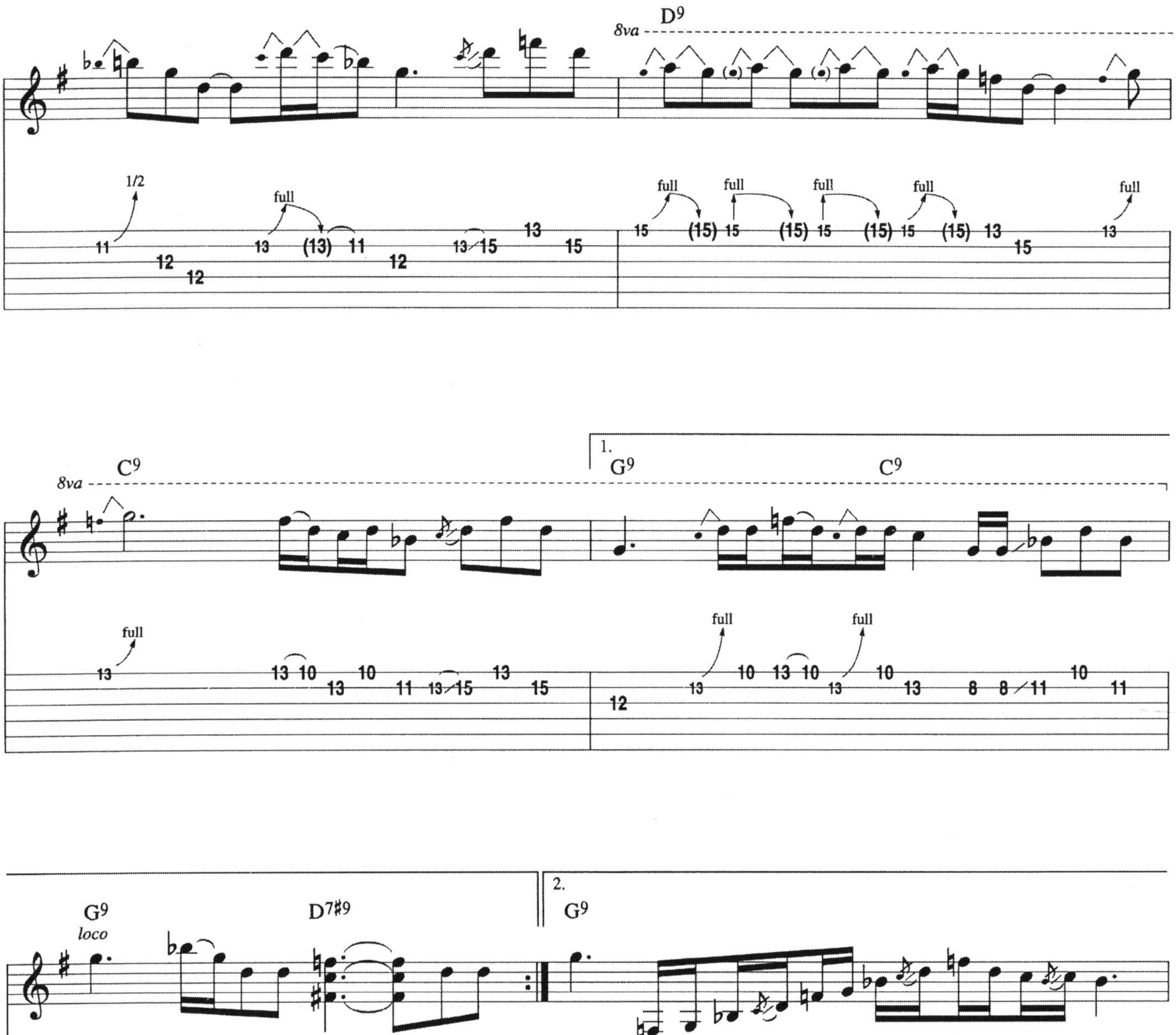
8va
D9
1/2
full
C9
1.
G9
C9
full
G9
loco
D7#9
2.
G9
Free Time
A♭7
G7
G9

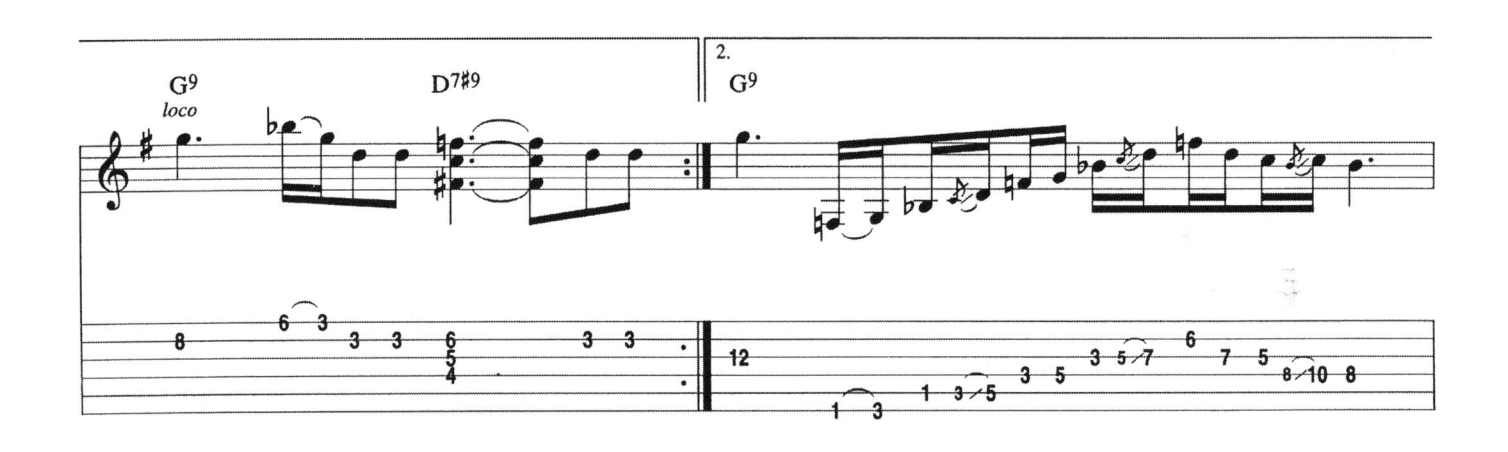

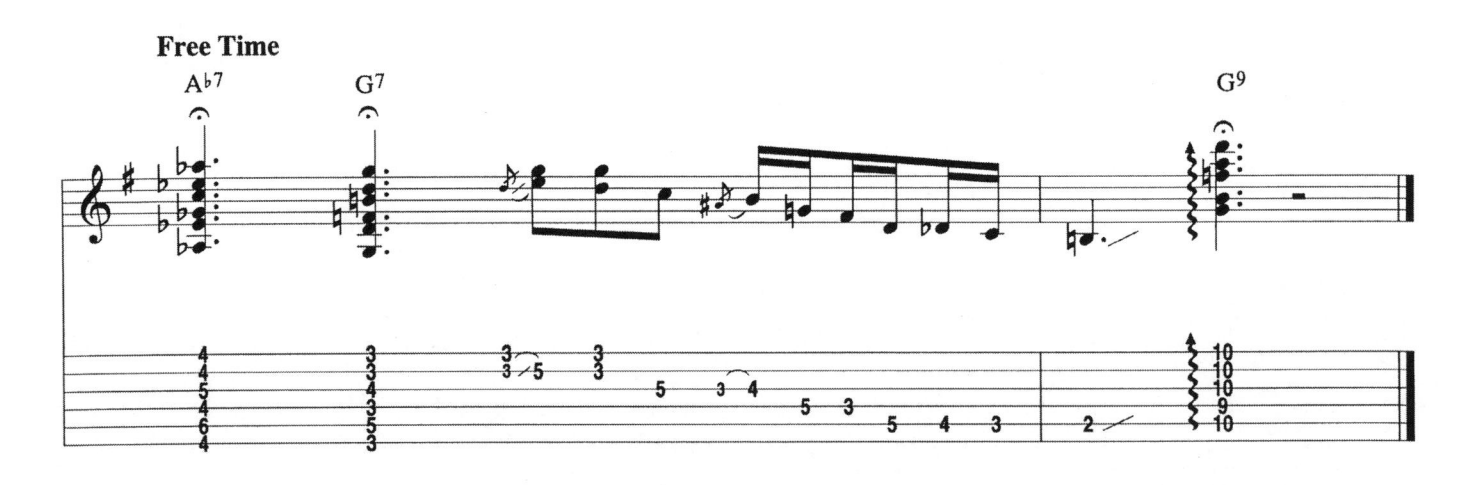

LEGENDA DA NOTAÇÃO